BURKHARD STRÜMPEL

Wirtschaftliche Entwicklung als menschliches Verhalten

Beiträge zur Verhaltensforschung

Herausgegeben von Prof. Dr. G. Schmölders, Köln

Heft 5

Wirtschaftliche Entwicklung als menschliches Verhalten

Ein Forschungsbericht

Von

Dr. Burkhard Strümpel

DUNCKER & HUMBLOT / BERLIN

Alle Rechte vorbehalten
© 1964 Duncker & Humblot, Berlin
Gedruckt 1964 bei Berliner Buchdruckerei Union GmbH., Berlin 61
Printed in Germany

Meinen Eltern

Inhaltsverzeichnis

§ 1 Einführung 9

Allgemeiner Teil

Wirtschaftlicher Fortschritt als Spezialfall des kulturellen Wandels

§ 2 Der Übergang von der Stagnation zum wirtschaftlichen Wachstum als methodisches Problem 13
§ 3 Wirtschaftlicher Fortschritt als menschliches Verhalten 18
§ 4 Internationale Parallelen des kulturellen Wandels 22
§ 5 Wirtschaftlicher Fortschritt — ein Elite-Problem? 25

Empirischer Teil

Erster Abschnitt
Die Grundlagen der Untersuchung

§ 6 Das Forschungsprogramm: Die Analyse der Bereitschaft zu Veränderungen 28
§ 7 Die Methode: Das standardisierte Interview 31
§ 8 Das Beispiel: Britisch-Honduras, Wirtschaft und Bevölkerung 35
    Politische Emanzipation und wirtschaftliche Abhängigkeit 35
    Ethnische Vielfalt 37
§ 9 Die sozioökonomische Situation: Charakterisierung der untersuchten Dörfer
    San Felipe 40
    Yo Creek 43
    Hopkins 45
    Rockstone Pond 47
    Zusammenfassung und Vergleich 48

Zweiter Abschnitt
Die Wirtschaftsmentalität der Landbevölkerung eines Entwicklungslandes — eine Fallstudie

§ 10 Bewußtseinswandel 52
    Unzufriedenheit mit der Gegenwart 52
    Hochgespannte Zukunftserwartungen 53

Ansprüche an den Staat	56
Politisches Denken: Das entstehende Nationalgefühl	57
Zusammenfassung	58
§ 11 Mobilität	59
Vorbehalte gegenüber dem Ortswechsel	61
Skepsis gegenüber dem eigenen Berufsbild — der Drang zur Arbeit in der Industrie	63
Exkurs: Kinder als Vorteil oder Belastung — Wandel einer Einstellung	67
Zusammenfassung	68
§ 12 Motivation	69
Der Ruf nach Geld: die Verschwommenheit der Entwicklungsvorstellung	70
Die Beispielabhängigkeit der Konsumansprüche	73
Die individuellen Determinanten von Konsumansprüchen	78
Die Kumulation der Konsumansprüche bei dem aktiven Bevölkerungsteil	80
Zusammenfassung	82
§ 13 Ergebnis	84

Anhang

I. Technisches zur Erhebung	91
II. Der Fragebogen	94
III. Tabellen	99
IV. Literaturverzeichnis	113

Anmerkung zur Zitierweise

In den Fußnoten unter dem Text ist nur der Verfasser (ohne Vorname) und der Titel der Veröffentlichung aufgeführt. Der ausführliche Nachweis kann dem Literaturverzeichnis entnommen werden. Zitate aus Publikationen in englischer Sprache wurden von mir ins Deutsche übersetzt, ohne daß dies besonders gekennzeichnet wurde.

§ 1 Einführung

Diese Arbeit beschäftigt sich mit einigen speziellen Determinanten wirtschaftlicher Entwicklung; sie stellt Hypothesen über den Zusammenhang zwischen den Traditionen, Einstellungen und Normen einzelner Gesellschaften und dem wirtschaftlichen Verhalten ihrer Mitglieder auf und überprüft sie an einem Beispiel. Die Untersuchung beschränkt sich dabei einmal auf die besondere Problematik von Entwicklungsländern, von Ländern also, in denen nicht nur das Wie, sondern auch das Ob des wirtschaftlichen Wachstums problematisch ist[1], zum anderen auf die Erklärung spezifischer menschlicher Verhaltensweisen, die besonders eng mit dem wirtschaftlichen Fortschritt zusammenhängen; dazu gehört jede grundlegende Veränderung der Produktionsweise, die Aufnahme von Neuerungen, die Wanderung zur Stadt und der Übergang zur industriellen Arbeitsweise.

Die Frage, ob die Bevölkerung mobil, d. h. zu solchen Veränderungen innerlich bereit ist, ist von entscheidender Bedeutung sowohl für privatwirtschaftliche Investitionsentscheidungen als auch für die staatliche Strukturpolitik. Welche Neuerungen in einer Gesellschaft auf fruchtbaren Boden fallen, läßt sich nicht aufgrund der Analyse rein wirtschaftlicher Daten entscheiden, sondern hängt mit von den kulturellen und sozialen Verhältnissen der untersuchten Bevölkerung ab[2].

Bei der Betrachtung stagnierender Volkswirtschaften muß man sich von vornherein vor der teleologischen Vorstellung hüten, daß wirtschaftlicher Fortschritt notwendigerweise kommen müsse, sich gewissermaßen von selbst entfalte, und nur der Zeitpunkt seines Beginns fraglich sei. Nicht nur der gebräuchliche Euphemismus „Entwicklungsland" trägt zur Akzeptierung dieser ebenso bequemen wie ungerechtfertigten Prämisse bei, sondern auch der lautstark vorgetragene Anspruch der Regierungen, Eliten und Bevölkerungen der armen Länder auf die materiellen Attribute der modernen Zivilisation.

Diese Arbeit wird indessen Belege dafür bringen, daß eine breite Lücke zwischen diesen Ansprüchen und den Möglichkeiten zu ihrer Be-

---

[1] Eine quantitativ-statistische Definition des Begriffes „Entwicklungsland" erübrigt sich für das Verständnis der Arbeit. Gemeint sind Länder mit langfristig stagnierendem Sozialprodukt pro Kopf der Bevölkerung, wobei im Einzelfall die Einordnung eines Landes — z. B. Spanien oder Mexiko — schwierig sein mag.

[2] Vgl. *Hoselitz*, Vorwort zu The Progress of Underdeveloped Areas, VI.

friedigung klafft. Weder die vielbeschriebene „revolution of rising expectations" noch der rapide, durch Kontakt mit der industriellen Zivilisation herbeigeführte soziale Wandlungsprozeß, der die Völker Afrikas, Asiens und Lateinamerikas eines Teiles ihrer traditionellen Bindungen, Normen und Werte beraubt, reicht aus, um die psychologischen Voraussetzungen für wirtschaftliches Wachstum zu schaffen. Die Unzufriedenheit mit dem Vorhandenen, der Wunsch nach Veränderungen und hohe Ansprüche an das Leben sind eine notwendige, keineswegs aber hinreichende Voraussetzung für die Bereitschaft zur produktiven Veränderung des wirtschaftlichen Verhaltens. Die Wirtschaftsgeschichte bietet genügend Beispiele von Völkern, die hohe motivationale Energie für nichtökonomische, z. B. kultische oder militärische Zwecke eingesetzt haben. Vielmehr bedarf es spezifischer sozialer und sozialpsychologischer Konstellationen, die eine Bevölkerungsgruppe veranlassen, den materiellen Gewinn und die Verhaltensweisen, die sich in wirtschaftlichem Fortschritt auswirken, wie Investieren, langfristig Planen, sich in Handel und Industrie betätigen, hoch zu bewerten.

Wenn nun die menschlichen Voraussetzungen wirtschaftlichen Wachstums trotz unleugbarer Gleichförmigkeiten der Zivilisationseinflüsse von Gesellschaft zu Gesellschaft so starke Verschiedenheiten aufweisen, Verschiedenheiten, die vor allem auf die überkommenen Traditionen, oder wenn man so will, auf den Nationalcharakter[3] zurückgehen, dann muß es als fraglich erscheinen, ob die Theorien, die „typische", d. h. überall geltende Abläufe oder gar „Stadien" der wirtschaftlichen und sozialen Entwicklung postulieren, als Grundlagen für hinreichend präzise Diagnosen und für Maßnahmen zur Beeinflussung des Entwicklungstempos dienen können, und ob nicht vielmehr jedes Land sein eigenes Rezept für wirtschaftlichen Fortschritt braucht, ein Rezept, das nicht nur den materiellen Voraussetzungen — Bodenschätze, Wirtschaftsstruktur, Standortverhältnisse usw. —, sondern auch den Verhaltensdispositionen — Einstellungen und Traditionen der Bevölkerung — Rechnung tragen muß. Aber selbst eine solche Erkenntnis braucht nicht zum Agnostizismus im Hinblick auf eine interkulturelle Theorie des wirtschaftlichen Verhaltens zu führen. Wenn es hier kein allgemeines Verlaufsmodell gibt, so kann es doch allgemeingültige theoretische Zusammenhänge geben; so könnte es z. B. gelingen, Verhaltensdispositionen zu ermitteln und zu definieren, die in allen Gesellschaften ähnliche Verhaltenskonsequenzen haben.

Diese Arbeit ist vor allem dem Versuch gewidmet, diese Unterschiede in den Traditionen und Einstellungen, deren Existenz und Bedeutung zwar von kaum einem Kenner der Materie geleugnet wird, die aber

---

[3] *Duijker* und *Frijda*, National Character and National Stereotypes.

§ 1 Einführung 11

dennoch nur zu oft den Erfolg wohlvorbereiteter Entwicklungsmaßnahmen vereiteln, meßbar zu machen.

Bis jetzt fehlt es sogar an Näherungslösungen. So sind z. B. noch keine Methoden zur Berechnung der kurz- und längerfristigen ökonomischen Auswirkungen einer Intensivierung der Schulerziehung in Entwicklungsländern bekannt[4]. Quantitative Aussagen über die Rentabilität von Ausbildungsinvestitionen wären jedoch von höchster Wichtigkeit für Entscheidungen über Prioritäten bei der Aufstellung von Entwicklungsprogrammen, unbeschadet dessen, daß mit der Schulerziehung keineswegs ausschließlich ökonomische Ziele verfolgt werden.

Der erste, allgemeine Teil dieser Arbeit behandelt die Frage, in welcher Weise sich die in so vielen Entwicklungsländern beobachtbaren Veränderungen der Traditionen, Einstellungen und Normen auf die Dispositionen der Bevölkerungen zum wirtschaftlichen Vorwärtskommen auswirken. Zunächst werden im Anschluß an einen dogmengeschichtlichen Rückblick die methodischen Probleme erörtert, die sich bei der Analyse der menschlichen Verhaltensweisen, die wirtschaftliches Wachstum herbeiführen, ergeben (§§ 2 und 3). Es folgt (§ 4) die Rechtfertigung des interkulturellen Mentalitätsvergleiches durch den Hinweis auf Gleichförmigkeiten des sozioökonomischen Wandels in verschiedenen Entwicklungsländern. Schließlich wird erörtert (§ 5), warum sich die Analyse des wirtschaftlichen Fortschritts nicht auf das Verhalten einer schmalen Oberschicht von Unternehmern oder Organisatoren beschränken darf.

Im zweiten, empirischen Teil wird die Fruchtbarkeit dieses Ansatzes vermittels einer empirischen Untersuchung überprüft. Nach der Beschreibung und Begründung einiger Hypothesen über den Zusammenhang zwischen den Zivilisationseinflüssen, der Aufweichung der traditionellen Bewußtseinsstruktur, der Motivation des wirtschaftlichen Verhaltens und diesem Verhalten selbst (§ 6) wird die Frage aufgeworfen, ob und inwieweit eine Analyse der Voraussetzungen des wirtschaftlichen Fortschritts auf das Verfahren der Repräsentativbefragung zurückgreifen muß (§ 7). Nach einer kurzen Beschreibung von Wirtschaft und Bevölkerung des untersuchten Entwicklungslandes (§ 8) wird die soziale und ökonomische Situation der befragten Dorfbewohner eingehend dargestellt (§ 9).

Die Darstellung der Ergebnisse der empirischen Analyse beginnt mit der Schilderung des durch den Zivilisationsimport geprägten Selbstbildes der untersuchten Landbevölkerung (§ 10). Der enge Zusammenhang zwischen gewissen relativ einfach zu erhebenden Grundhaltungen wie zum Beispiel Enttäuschung (Vergangenheit), Unzufriedenheit (Ge-

---
[4] Vgl. *Hoselitz*, Balanced Growth, Destabilizers, and the Big Push, 477.

genwart) und Zuversicht (Zukunft) und dem Verhalten ergibt sich, wenn auch noch nicht endgültig, aus der Prüfung der Frage, ob die Bevölkerung zu einer grundlegenden Veränderung ihres wirtschaftlichen Verhaltens (Mobilität) bereit ist (§ 11). Im weiteren wird untersucht, inwieweit materielle Anreize eine solche Verhaltensänderung herbeiführen können, besonders, welche Verhaltenskonsequenzen hohe Konsumansprüche haben (Motivation, § 12). Im Schlußkapitel (§ 13) wird dargestellt, wie die mit den verwendeten Methoden gewonnenen Ergebnisse für die Konzeption der Entwicklungspolitik in dem behandelten Entwicklungsland nutzbar gemacht werden können.

Die empirische Erhebung, die der vorliegenden Arbeit zugrunde liegt, wurde im Auftrag des Research Center in Economic Development and Cultural Change der University of Chicago (Prof. Bert F. Hoselitz) in Zusammenarbeit mit dem Survey Research Center der University of Michigan, Ann Arbor, Mich./USA, dem der Verfasser während der Vorbereitung des Projektes angehörte, durchgeführt.

Bei dem Versuch, die auf anderen Gebieten der modernen empirischen Wirtschaftsforschung bereits bewährten Methoden der modernen Einstellungs- und Motivanalyse für die Problematik der wirtschaftlichen Entwicklung nutzbar zu machen, war der Verfasser in besonderem Maße auf den Rat und die Hilfe von Fachleuten angewiesen. In methodologischer Hinsicht profitierte das Projekt besonders von der Zusammenarbeit mit den Professoren James N. *Morgan* und Albert *McQueen* von der University of Michigan. Prof. Hoselitz förderte die Untersuchung durch fruchtbare theoretische Fragestellungen und durch laufende Beratung und Ermutigung während der Feldarbeit in Britisch-Honduras. Besonderen Dank schuldet der Verfasser seinem verehrten Lehrer Prof. Dr. G. Schmölders, unter dessen Anleitung er mit der Problematik der internationalen Unterschiede der Wirtschaftsmentalität bekannt wurde und dessen Anregungen von unschätzbarem Wert für die Klärung der Fragestellung und für die Auswertung der Ergebnisse waren.

Allgemeiner Teil

Wirtschaftlicher Fortschritt als Spezialfall des kulturellen Wandels

§ 2 Der Übergang von der Stagnation zum wirtschaftlichen Wachstum als methodisches Problem

Gegenstand der Theorie des wirtschaftlichen Wachstums[1] sind die quantitativen Veränderungen der für eine ganze Volkswirtschaft aggregierten Produktion von wirtschaftlichen Gütern und Diensten im Zeitverlauf, ihr Ziel ist die Erklärung und Prognose dieser Veränderungen.

Da Produzieren zunächst einmal menschliches Verhalten ist, hat es die Theorie wirtschaftlichen Wachstums auch dann mit dem Verhalten von Menschen zu tun, wenn sie sein wirtschaftliches Ergebnis, die bewertete Produktion, erklären will[2].

Die moderne Verhaltenstheorie[3], auf die wir hier zurückgreifen müssen, geht nun über das Instrumentarium und die Prämissen der ökonomischen Theorien traditionellen Stils weit hinaus und zieht sog. „außerökonomische" Faktoren zur Erklärung des wirtschaftlichen Wachstums mit heran[4].

---

[1] In der Literatur wird wirtschaftliches Wachstum häufig mit wirtschaftlicher Entwicklung gleichgesetzt. Die synonyme Verwendung beider Begriffe empfiehlt sich jedoch nicht: Während wirtschaftliche Entwicklung unter drei verschiedenen Gesichtspunkten definiert und behandelt werden kann, nämlich (vgl. *Behrend*, Richard F., „Entwicklungsländer", 231)
a) als eine Kombination von *Maßnahmen* zur Erhöhung der durchschnittlichen Produktionsfähigkeit und Kaufkraft der Mitglieder eines Sozialgebildes,
b) als dynamischer, sich selbst fortsetzender *Prozeß*,
c) als ein in der Geschichte einer Nation erreichter *Zustand*,
beschreibt der Begriff „wirtschaftliches Wachstum" das viel engere Phänomen, das der unter (b) genannten Definition am nächsten kommt. Freilich muß hierbei berücksichtigt werden, daß die Dynamik dieses Prozesses, die Eigenschaft des Sich-selbst-Fortsetzens, beim Begriff „Wachstum" nicht mitschwingt.

[2] Vgl. *Schmölders*, Der Beitrag der Verhaltensforschung zur Theorie der wirtschaftlichen Entwicklung.

[3] *Schmölders*, ebenda; ferner *ders.*: Zehn Jahre sozialökonomische Verhaltensforschung in Köln; siehe auch *Gehlen*, Soziologie als Verhaltensforschung, und *Gäfgen*, Theorie der wirtschaftlichen Entscheidung.

[4] *Albert*, Nationalökonomie als Soziologie.

14 Wirtschaftlicher Fortschritt als Spezialfall des kulturellen Wandels

Daß diese Faktoren außerhalb des Datenkranzes der traditionellen ökonomischen Entwicklungstheorie verblieben, ist nicht zuletzt auf den starken, statistisch eindeutig belegbaren Zusammenhang zwischen vergangenen und zukünftigen Wachstumsraten zurückzuführen, auf die Tatsache also, daß wirtschaftliches Wachstum ein sich im Zeitverlauf nur langsam änderndes Phänomen ist. Im Lichte der kurzfristigen Gleichgewichtsanalyse mußte es nämlich so scheinen, als ob sich wirtschaftliches Wachstum im Wechselspiel der ökonomischen Ausgangsfaktoren gleichsam von selbst fortsetzt, so daß die menschlichen Einstellungen und Motivationen, aber auch die sozialen und kulturellen Werte, Normen, Traditionen und Institutionen als Einflußfaktoren unberücksichtigt bleiben konnten. Es ist kaum zu bestreiten, daß diese Methode dann einen gewissen Erklärungswert hat, wenn nur eine kurz- oder mittelfristige Prognose des Wachstumstempos in Ländern, die bereits das Anfangsstadium oder „take-off" *(Rostow)* hinter sich haben, aufgestellt werden soll[5].

Gerade der langfristige Strukturwandel, die Erklärung des Überganges von der Stagnation zur wirtschaftlichen Entwicklung, wurde jedoch in den bisherigen wachstumstheoretischen Ansätzen stark vernachlässigt. Zwar machte die angelsächsische Tradition der klassischen Nationalökonomie den wirtschaftlichen Fortschritt eines entwickelten Landes zu ihrem eigentlichen Thema; sowohl *Smith* mit seiner Frage nach den Ursachen des Volkswohlstandes und *Ricardo*, der die Konsequenzen des Fortschritts für die Verteilung untersucht, als auch Alfred *Marshall* und *Keynes* behandeln jedoch weniger die Ursachen oder historischen Voraussetzungen dieses Prozesses als vielmehr seine Begleitumstände und die Bedingungen seiner Fortsetzung. Wirtschaftliches Wachstum wurde von den Klassikern als Begleiterscheinung der unausweichlichen Weiter- und Höherentwicklung der menschlichen Gesellschaft betrachtet[6]; seine menschlichen Voraussetzungen wurden als konstant, überall gegeben und daher als quantité negligeable betrachtet[7]. Außereuropäische Länder wurden als Anschauungs- und Belegmaterial vernachlässigt, sei es, weil die Allgemeingültigkeit der Theorie von vornherein als selbstverständlich vorausgesetzt wurde, sei es, weil man die überseeischen Kolonien nur als Anhängsel der europäischen Wirtschaft betrachtete[8].

---

[5] Vgl. *Schmölders*, Das Problem der Prognose in der Wirtschaft.
[6] *Lettiche*, Adam Smith and David Ricardo on Economic Growth, 65 ff.
[7] „Wenig mehr ist nötig, um einen Staat von der niedrigsten Barbarei zu einem hohen Grad von Wohlstand zu bringen als Frieden, vorsichtige Besteuerung und eine erträgliche Rechtspflege; das übrige bringt der natürliche Lauf der Dinge mit sich." (Adam *Smith:* The Wealth of Nations, London 1930, XXXV).
[8] *Spengler*, John Stuart Mill on Economic Development, 117.

§ 2 Der Übergang von der Stagnation zum wirtschaftlichen Wachstum 15

Sowohl die Gedankengänge der Klassiker selbst als auch die der klassischen Tradition verpflichteten Ansätze, die sich bis zur modernen Wachstumstheorie verfolgen lassen, zeigen einen starken Ethnozentrismus, der ihren Geltungsbereich auf die besondere historische Situation der westlich-abendländischen Zivilisation im 18. und 20. Jahrhundert beschränkt[9].

Die Kritik an einer Übertragung der aus der Betrachtung der entwickelten Volkswirtschaften gewonnenen Ansätze auf die Problematik der unterentwickelten Länder von heute muß an der unrealistischen Prämisse anknüpfen, daß die für wirtschaftlichen Fortschritt entscheidenden Motivationen und Institutionen immer und überall vorhanden sind. Im Gegensatz zu den europäischen Nationen zeigen die Bevölkerungen der heute unterentwickelten Länder keineswegs hinreichende Bereitschaft zu solchen Veränderungen des Verhaltens, die sich in wirtschaftlichem Wachstum auswirken. Während sich die Bevölkerung Mittel- und Westeuropas seit dem Beginn der Neuzeit eines langsamen aber kontinuierlichen, zunächst vom Agrarsektor ausgehenden wirtschaftlichen Wachstums erfreut und zum großen Teil durch ihre Religion zu produktiven Beiträgen zum Sozialprodukt ermuntert wurde[10], bieten die Kulturen der meisten wirtschaftlich unterentwickelten Gesellschaften von sich aus wenig Anregungen und Belohnungen für die Umstellung der traditionellen Produktionsmethoden.

Auch die klassische und spätklassische Vorstellung von der Schlüsselrolle des privaten Unternehmers für den wirtschaftlichen Fortschritt bedarf der Modifizierung im Hinblick auf die Entwicklungsländer von heute. Diese sind, im Gegensatz zu den westlichen Industriestaaten, mit Privatinitiative nur unvollkommen ausgestattet. Demgegenüber erhalten mit der weltweiten Verfügbarkeit des jeweiligen Standes der Technik sowie mit der Ausbreitung der westlichen Verwaltungs- und Organisationsmethoden die Regierungen der Entwicklungsländer die Möglichkeit, in die Bresche zu springen und wirtschaftliches Wachstum anzuregen.

Es muß hier festgehalten werden, daß die klassische und nachklassische ökonomische Theorie mit ihrem auf einen großen Teil der Weltbevölkerung nicht zutreffenden Menschen- und Gesellschaftsbild keine brauchbare Erklärung für die bestehenden Ungleichgewichte und die Tendenz zu ihrer Vertiefung liefern kann[11]. Das gilt auch für die Theorie des internationalen Handels, die auf der Prämisse des freien internationalen Austauschs von Produktionsfaktoren aufbaut. Selbst

---
[9] *Schmölders*, Der Beitrag der Verhaltensforschung...
[10] Vgl. Max *Weber*, Die protestantische Ethik und der Geist des Kapitalismus.
[11] Vgl. *Myrdal*, Ökonomische Theorie und unterentwickelte Religionen, 7.

wenn man von dem Agrarprotektionismus der Industriestaaten und seinen Folgen für die Exportchancen vieler Entwicklungsländer einmal absieht, ist diese Prämisse schon deshalb nicht realistisch, weil sie die Schwierigkeiten nicht in Rechnung stellt, die mit einer Übertragung des technischen know-hows auf Länder mit verschiedener Kultur, Sozialstruktur und einem weniger entwickelten Ausbildungssystem verbunden sind. Gerade diesem Faktor kommt aber eine Schlüsselrolle zu. Nach *Solows* Schätzung war von der Produktivitätssteigerung in den USA von 1909 bis 1949 nur 13 % auf die Erhöhung des Kapitaleinsatzes zurückzuführen, während der Rest dem technologischen Fortschritt zuzuschreiben sein dürfte[12]. Nun hat *Everett E. Hagen* darauf hingewiesen, daß die Übertragung technischer Neuerungen in ein Entwicklungsland selbst dann, wenn sie von dem Industrieland bereitwillig zur Verfügung gestellt werden, erhebliche schöpferische Leistungen erfordert. Eine einfache Nachahmung der in Industrieländern üblichen Fertigungsweise verbietet sich meistens schon deshalb, weil die Ausbildung der zur Verfügung stehenden Arbeitskräfte nicht ausreicht, zum anderen aber auch, weil es an den mannigfaltigen Zulieferungs- und Dienstleistungsbetrieben mangelt, die technisch und organisatorisch hochgezüchtete und daher leistungsfähige Produktionsformen ermöglichen[13].

Im Gegensatz zu dem Ethnozentrismus der klassischen und nachklassischen ökonomischen Theorie führt die deutsche historische Schule Unterschiede wirtschaftlichen Wachstums auf Verschiedenheiten der Völker, ihrer Institutionen und ihrer Geschichte zurück. Wilhelm *Roscher* beschrieb wirtschaftliche Entwicklung vermittels einer Organismusanalogie. Volkswirtschaften wachsen, reifen und verfallen ebenso wie Lebewesen. Für Karl *Knies* war wirtschaftliche Entwicklung nur ein Aspekt des Fortschrittes der menschlichen Kultur. *Hildebrand* schließlich sah wirtschaftliches Wachstum unter dem Blickwinkel der Vervollkommnung der ökonomischen Organisation[14]. *List*, der sich besonders gründlich mit dem Problem des wirtschaftlichen Fortschritts beschäftigte, erkannte klar die Wechselwirkung zwischen sozialen und politischen Faktoren und der Entwicklung der Produktivität einer Nation. Dabei kritisierte er die klassische „Schule" für ihren Versuch, Politik und Regierungssystem aus der Wirtschaftstheorie zu eliminieren, m. a. W. für die zu weitgehende Isolierung ökonomischer Faktoren[15].

Sowohl *List* und *Hildebrand* als Vertreter der älteren historischen Schule, als auch *Bücher*, *Schmoller* und *Sombart*, die der sogenannten

---

[12] Vgl. *Solow*, Technical Change and the Aggregate Production Function, 312 ff.
[13] *Hagen*, On the Theory of Social Change, 31.
[14] Vgl. *Kalveram*, Gertrud, Die Theorien von den Wirtschaftsstufen, 73 ff.
[15] *List*, Das Nationale System der Politischen Ökonomie, 149.

§ 2 Der Übergang von der Stagnation zum wirtschaftlichen Wachstum 17

jüngeren historischen Schule angehören, haben ihren Beitrag zur Theorie des wirtschaftlichen Wachstums in Stufentheorien eingekleidet. Die wissenschaftstheoretische Einordnung solcher Stufentheorien — das gilt auch für das in den letzten Jahren diskutierte Buch „Stadien wirtschaftlichen Wachstums" von Walt W. *Rostow* — ist nun äußerst problematisch[16]. Handelt es sich hier um Idealtypen, die nur dazu dienen sollen, die vergleichende Analyse von Wirtschaftssystemen zu erleichtern, oder um ein aus der historischen Erfahrung gewonnenes Destillat, einen Realtyp? Trägt die Aneinanderreihung verschiedener aufeinanderfolgender Momentaufnahmen dazu bei, Faktoren zu isolieren, die wirtschaftliches Wachstum verursachen, oder die auch nur den Übergang von einer Stufe zur nächsten herbeiführen?

Selbst die genannten Autoren drückten sich in diesen Punkten nicht klar aus, und Max *Weber* bemerkt, daß es außerordentlich schwierig ist, mit dieser Methode die Verwechslung von Theorie und Geschichte zu vermeiden[17]. Auch die auf einem gründlichen historischen Quellenstudium aufbauenden Systeme von *Schmoller, Bücher* und *Sombart* lösen dieses Problem nicht. *Schmollers* Klassifizierung von Wirtschaftsstufen (Dorfwirtschaft, Stadtwirtschaft, Territorialwirtschaft, Volkswirtschaft und Weltwirtschaft) geht klar auf die deutsche Wirtschaftsgeschichte zurück, während *Büchers* in der Terminologie etwas abweichendes allgemeineres Schema zwar auf ganz West- und Mitteleuropa anwendbar ist, aber dennoch allgemeiner Geltung ermangelt. Dabei betont *Schmoller* mehr den *Prozeß* der wirtschaftlichen Entwicklung, während es *Bücher* besonders auf die Herausarbeitung der Unterschiede zwischen den verschiedenen Stufen ankommt[18].

Einen wichtigen Schritt weiter geht *Sombart,* der Veränderungen in der ökonomischen Motivation, im „Wirtschaftsgeist" als Ursache für den Übergang von einer Wirtschaftsstufe zur anderen ansieht. Die mittelalterliche und frühneuzeitliche Stadtwirtschaft wird von der Idee des standesgemäßen Unterhaltes, die moderne kapitalistische Wirtschaft aber von dem Erwerbsprinzip beherrscht; der kapitalistische Geist ist „die aus Unternehmungsgeist und Bürgergeist zu einem einheitlichen Ganzen verwobene Seelenstimmung... Er hat den Kapitalismus geschaffen"[19].

Leider präzisiert *Sombart* seinen Begriff Wirtschaftsgesinnung nicht genügend, um eine empirische Prüfung seiner Hypothese über ihren Zusammenhang mit dem wirtschaftlichen Wachstum zuzulassen. Ins-

---

[16] Vgl. *Hoselitz,* Theories of Stages of Economic Growth, 194.
[17] Max *Weber,* Die „Objektivität" sozialwissenschaftlicher und sozialpolitischer Erkenntnis, 195 f.
[18] *Hoselitz,* Theories of Stages of Economic Growth, a. a. O., 223.
[19] *Sombart,* Der moderne Kapitalismus, Bd. 1, 329 f., Hervorhebungen von mir.

2 Strümpel

besondere liefert er keine Belege dafür, daß eine bestimmte Ideologie dem Übergang zum Kapitalismus *vorausging*. Sein Verdienst liegt vielmehr vor allem darin, daß er die Bedeutung nicht nur von gesellschaftlichen und politischen, sondern auch von psychologischen Tatbeständen für das wirtschaftliche Wachstum wie kein Autor vor ihm erkannt hat.

§ 3 Wirtschaftlicher Fortschritt als menschliches Verhalten

Diese Studie hat es sich zum Ziel gesetzt, einen Beitrag zu leisten zur Erarbeitung von Methoden, nach denen die Bereitschaft einer Bevölkerung zu wirtschaftlicher Entwicklung eingeschätzt werden kann. Daß diese Bereitschaft ein eigenständiges, nicht ohne weiteres von den *Gelegenheiten* zur wirtschaftlichen Entwicklung ableitbares Phänomen darstellt, wird kaum noch ernsthaft bestritten. Zwar wirkt das Konzept von der in allen Kulturen und Breitengraden gleichen „menschlichen Natur" unbewußt im Denken über wirtschaftliche Planung fort, selbst wenn es wie die Vorstellung vom homo oeconomicus in seiner ursprünglichen Form weitgehend aufgegeben worden ist[1], doch ist die Evidenz für die interkulturellen Unterschiede wirtschaftlichen Verhaltens — bei gleichen materiellen Voraussetzungen — so überwältigend, daß selbst der größte Teil der „rein" ökonomischen Literatur über wirtschaftliches Wachstum zahlreiche Hinweise auf die Wichtigkeit von sog. „nichtökonomischen" Faktoren enthält[2].

Nun ist wirtschaftlicher Fortschritt ein Vorgang, der an ein äußerst kompliziertes Zusammenspiel von menschlichen Verhaltensweisen, kulturellen und institutionellen Gegebenheiten und materiellen Voraussetzungen anknüpft; es ist ohne weiteres zulässig, ja häufig geradezu unentbehrlich, einen Teil dieser Faktoren zu vernachlässigen und die Wechselwirkungen einer Gruppe von Faktoren mit der wirtschaftlichen Entwicklung als abhängiger Variable herauszuarbeiten. Der Forscher, der typische Veränderungen von makroökonomischen Größen (Produktion, Kapitaleinsatz, Bevölkerung etc.) im Verlauf des Wachstumsprozesses ermittelt, leistet damit einen Beitrag zur Theorie der wirtschaftlichen Entwicklung. Es ist nicht weniger wichtig, den Verlauf des Wandels zu analysieren als seine Ursache[3].

So will der mit den Namen *Domar* und *Harrod* verknüpfte Ansatz der Wachstumstheorie nur Aufschluß über einige rein ökonomische Be-

---

[1] *Herskovits*, Economic Change and Cultural Dynamics, 126.
[2] Vgl. *Leibenstein*, Economic Backwardness and Economic Growth; *Hirschman*, The Strategy of Economic Development; *Lewis*, The Process of Economic Growth; *Nurkse*, Problems of Capital Formation in Underdeveloped Countries, zit. nach *Hagen*, Turning Parameters into Variables in the Theory of Economic Growth, 624.
[3] Vgl. *Hagen*, On the Theory of Social Change, 250.

§ 3 Wirtschaftlicher Fortschritt als menschliches Verhalten

dingungen des wirtschaftlichen Wachstums geben und erhebt nicht einmal den Anspruch, etwas über die Ursachen des tatsächlichen wirtschaftlichen Fortschritts auszusagen.

Auch dann, wenn man nur die kurzfristigen Veränderungen des Sozialprodukts erklären will, kann man die Wandlungen der Sozialstruktur und der ihr entsprechenden Normen und Werte häufig vernachlässigen. Man kann ohne großes Opfer an Genauigkeit annehmen, daß die Menschen im folgenden Jahr in ähnlicher Weise auf die vorhandenen ökonomischen Möglichkeiten reagieren werden wie im vergangenen und erhält dann die Gelegenheit, die Auswirkungen der Veränderung einer Mengengröße, z. B. der Zuführung von Auslandskapital, isoliert zu verfolgen. Man geht einfach davon aus, daß die Prinzipien des menschlichen Verhaltens, das sich wirtschaftlich auswirkt, bekannt sind, gewissermaßen einfach Funktionen dieser ökonomischen Möglichkeiten darstellen. „Der Mensch selbst wird als Zwischenglied in der Verkettung zwischen den Elementen der Ausgangssituation und der neuen Situation entbehrlich"[4], „l'individu peut disparaître" (*Pareto*).

Jeder Versuch jedoch, den in der Regel mehrere Generationen dauernden allmählichen Übergang von der Stagnation zum nachhaltigen wirtschaftlichen Wachstum als reine Funktion ökonomischer Ausgangsdaten zu bestimmen, muß schon vom Ansatz her unzulänglich sein. „In a long-period analysis the distinction between ‚economic' and ‚uneconomic' factors loses significance, and it becomes necessary to acknowledge that economic growth must be seen as a special aspect of a general social evolution, rather than as a process which can be factored out of the social system and studied in isolation"[5].

Das wird besonders deutlich beim Vergleich von Ländern, die die besten ökonomischen und handelspolitischen Voraussetzungen aufzuweisen haben, ohne sich jedoch wirtschaftlichen Wachstums zu erfreuen, mit solchen die durch Natur, geographische Lage und Intensität des Kontaktes mit entwickelten Volkswirtschaften weit weniger begünstigt waren, aber dennoch den Übergang gemeistert haben. Während Japan das meist angeführte Beispiel für einen rapiden Wirtschaftsfortschritt trotz vermeintlich ungünstiger Ausgangslage ist, stellt die Republik Honduras in Mittelamerika wohl das krasseste Beispiel für eine trotz beinahe überreichlich gegebener „ökonomischer" Voraussetzungen völlig stagnierende Volkswirtschaft dar[6]. Die Tatsache, daß dieses Land trotz seines günstigen Standortes in der Nähe der USA, trotz liberaler

---

[4] *Gäfgen*, Theorie der wirtschaftlichen Entscheidung, 19.
[5] *Bruton*, Contemporary Theorizing on Economic Growth, 29 f.
[6] Vgl. *Ross*, Economic Theory and Economic Development. Reflections derived from a study of Honduras, 21 ff.

Handelspolitik, stabiler Währung und fast 150 Jahre bestehender politischer Unabhängigkeit keinen wirtschaftlichen Fortschritt zeigt, muß notgedrungen den Blick auf die wirtschaftenden Menschen lenken, die hier den von den materiellen Gegebenheiten begrenzten Spielraum offenbar nicht genutzt haben.

Inwieweit dieser Spielraum ausgefüllt wird, hängt, wie *Schmölders* gezeigt hat[7], von der Beweglichkeit der Menschen ab. Nicht nur müssen sich genügend (private) Unternehmer oder (staatliche) Organisatoren finden, die „neue Kombinationen durchsetzen" und das vorhandene technische Wissen den in ihren Gesellschaften gegebenen Voraussetzungen anpassen; die Masse der Bevölkerung muß auch bereit sein, ihre gegenwärtigen Erwerbs- und Lebensverhältnisse zugunsten lukrativerer neuer aufzugeben. Diese Beweglichkeit wiederum steht in einem Wechselwirkungsverhältnis zu einer ganzen Palette von kulturspezifischen Institutionen, Normen, Übungen und Konventionen, die dadurch für Analyse und Vergleich wirtschaftlichen Fortschritts bedeutsam werden. *Morgan*[8] nennt einige solcher leicht erhebbaren wirtschaftlichen Grundtatsachen, die eng mit dem Produktionsverhalten der Bevölkerung zusammenhängen — wie lang ist die Arbeitszeit, wieviel Zeit wird jeweils auf Lohnarbeit, auf selbständige Arbeit zum Zwecke der Geldeinkommenserzielung und auf Produktion für den Eigenverbrauch verwandt? Wie schnell setzen sich Neuerungen durch, und in welchen Bevölkerungsgruppen? Inwieweit versuchen Eltern, ihren Kindern zu einer Erziehung zu verhelfen, die Chancen für einen sozialen Aufstieg bietet? Wie weit reicht der Planungshorizont, d. h. wie intensiv ist die Sorge für die Zukunft? Wie weit reicht die Sorgepflicht für Familienmitglieder, d. h. inwieweit geht das Individuum der Früchte außerordentlicher Anstrengungen dadurch verlustig, daß es das zusätzliche Einkommen mit anderen teilen muß? Wie ausgeprägt sind die Bemühungen und Versprechungen des Staates, die materielle Not seiner Bürger zu lindern, und wie weit vertraut die Bevölkerung hierauf?

So wichtig es ist, zunächst einmal eine solche Bestandsaufnahme der Unterschiede des wirtschaftlichen Verhaltens anzustellen, und diese mit dem Ergebnis des Verhaltens, nämlich dem Sozialprodukt, in Beziehung zu setzen, so wenig kann man sich damit begnügen. Die Verhaltensweisen, die sich in wirtschaftlichem Vorwärtskommen auswirken, werden, wie die moderne Sozialforschung nachgewiesen hat, von bestimmten von Gesellschaft zu Gesellschaft und von Gruppe zu Gruppe verschiedenen Einstellungen und Motiven geprägt, die man in ethnologischer Terminologie Traditionen, in soziologischer Normen nennen kann.

---

[7] *Schmölders*, Der Beitrag der Verhaltensforschung.
[8] *Morgan*, Comperative International Surveys on Economic Behavior.

§ 3 Wirtschaftlicher Fortschritt als menschliches Verhalten

Solche kultur- und gruppenspezifischen Verhaltensdispositionen können nun seit kurzem unabhängig von den aus ihnen resultierenden menschlichen Handlungsweisen gemessen werden[9], ein Verfahren, das einen Fortschritt besonders für die Erforschung sozialer Phänomene darstellt. Den Beleg für seine These, daß die mangelnde Erfolgsmotivation für viele Gesellschaften das schwerwiegendste Hindernis bildet, daß also dieses Motiv eine kausale Schlüsselrolle für den wirtschaftlichen Fortschritt spielt („what the people want they manage to get"), hat *McClelland* geliefert, indem er je 21 repräsentativ ausgewählte Kindergeschichten aus dem Jahre 1925 von 40 verschiedenen Völkern inhaltlich analysierte und die Frequenz des Vorhandenseins dieses Motivs mit dem jeweiligen wirtschaftlichen Wachstum in den darauffolgenden 25 Jahren verglich, wobei sich eine eindeutige Korrelation herausstellte[10]. Obwohl *McClelland* das Leistungsmotiv für die wichtigste Determinante wirtschaftlicher Entwicklung hält[11], begnügt er sich nicht damit, dessen Auswirkungen zu untersuchen, sondern geht im einzelnen auch auf die Mechanismen ein, die diese Umsetzung motivationaler Energien in Produktionssteigerung herbeiführen. Dabei untersucht er die Wirkung des Macht- und des Anschlußmotives.

Um zu einem brauchbaren interkulturellen Vergleich zu kommen, zerlegt er also gewissermaßen die Traditionen, Normen und Einstellungen in ihre Motivationselemente, wobei diese Elemente so definiert werden, daß sie in verschiedenen Kulturen die gleichen Verhaltenskonsequenzen haben[12]. Einen Schritt weiter geht *Heckhausen*, indem er das Leistungsstreben danach differenziert, ob es der Hoffnung auf Erfolg oder der Furcht vor Mißerfolg sein Entstehen verdankt[13]. Die von ihm ermittelten Unterschiede zwischen den Verhaltenskonsequenzen beider Formen des Erfolgsmotives lassen vermuten, daß sich durch weitere Forschungen in dieser Richtung auch die Erklärung des wirtschaftlichen Verhaltens aus seiner Motivation verbessern läßt.

---

[9] Entsprechende Techniken sind von dem amerikanischen Psychologen *McClelland* mitentwickelt und zum ersten Mal zur Erklärung wirtschaftlichen Wachstums angewandt worden; vgl. *McClelland*, The Achieving Society, passim.
[10] *McClelland*, The Achieving Society, passim.
[11] Da diejenigen, die „sich in erster Linie des Wohlstandes oder des höheren Lebensstandards wegen in der Wirtschaft betätigen, ... es auf Belohnungen abgesehen haben, werden sie ... mit der Arbeit aufhören, wenn sie die Belohnungen erhalten; sie werden minderwertige oder unehrenhafte Methoden finden, die Belohnungen zu bekommen, oder keine langfristigen Risiken ... übernehmen" (*McClelland*, ebenda, 426); vgl. auch *Mannheim, Karl*, Über das Wesen und die Bedeutung des wirtschaftlichen Erfolgsstrebens, in: Archiv für Sozialwissenschaft und -politik, Bd. 63, Tübingen 1930, S. 449.
[12] *Schmölders*, Der Beitrag der Verhaltensforschung ...
[13] *Heckhausen*, Hoffnung und Furcht in der Leistungsmotivation, passim; vgl. auch *Hagen*, On the Theory of Social Change, 105.

§ 4 Internationale Parallelen des kulturellen Wandels

Wenn nun wirtschaftliches Verhalten auf bestimmte Motivationen zurückgeht, wenn der Beginn der wirtschaftlichen Entwicklung, besser: der Übergang von der Stagnation zum Wachstum eine Änderung dieses Verhaltens darstellt, dann muß ja diese Änderung von einer Umstellung der Motivstruktur begleitet sein. Während seiner frühen Kindheit erwirbt das Individuum die Motivationen und Einstellungen, die sein Verhalten gegenüber seiner Umwelt prägen[1]. Da nun aber diese Persönlichkeitselemente weitgehend von der Gesellschaft geprägt werden, kann eine gleichgerichtete Änderung der Motivstruktur einer für die Verursachung wirtschaftlicher Entwicklung ausreichenden Zahl von Menschen nur durch kulturellen Wandel hervorgerufen sein.

Hier geraten wir also unversehens auf eine neue Ebene der Analyse[2], auf die nämlich der kulturspezifischen Traditionen, Werkstrukturen, Normen und Institutionen. Diese Ebene ergänzt und erklärt diejenige der Motive[3], die ihrerseits dadurch zu kausalen Zwischengliedern werden.

Die wichtigsten Veränderungen der Motivation wirtschaftlichen Verhaltens in den Entwicklungsländern sind Teil eines umfassenden weltweiten kulturellen Wandlungsprozesses, der trotz der Unterschiedlichkeit, ja Gegensätzlichkeit der Ausgangskulturen eine deutliche internationale Gleichförmigkeit aufweist[4]. Die Hauptursache dieses Wandels ist der Kontakt mit der modernen Zivilisation, und die Demonstration der Überlegenheit industrieller Techniken über traditionelle[5]. Auch die Zielsetzungen und Werte gleichen sich im Verlauf dieses Prozesses an: Einkommen, Wohlstand und Einfluß werden praktisch in jeder Gesellschaft begehrenswert[6]. Die Frage, ob es sich bei den moderneren, kontaktbringenden Gesellschaften um westliche Industrieländer oder um Länder mit ganz anderen Gesellschaftssystemen wie etwa Rußland handelt, ist für die psychologischen Konsequenzen des Kontaktes mit der Zivilisation ziemlich unerheblich. Modernisierung bedeutet in jedem Falle das Eindringen eines rationalistischen oder positivistischen Geistes, gegen den traditionelle Kulturen in der Regel absolut wehrlos sind[7]. Während europäisch-kolonisatorische Einflüsse früher nur die obersten Schichten erreicht hatten, wird das neue Leben heute von den

---

[1] Vgl. *Hagen*, On the Theory of Social Change, 104.
[2] *Herskovits*, Economic Change and Cultural Dynamics, 131.
[3] *Schmölders, Der Beitrag der Verhaltensforschung...*
[4] Vgl. *Moore* und *Feldman* (Herausgeber), Vorwort zu: Labor Commitment and Social Change in Developing Areas, V. und *Riesman*, Einführung zu *Lerner*, Daniel, The Passing of Traditional Society, 15.
[5] *Vanstone*, Point Hope, An Eskimo Village in Transition, 165.
[6] *Hagen*, On the Theory of Social Change, 15.
[7] *Grunebaum*, G. E. von, Unity and Variety in Muslim Civilisation, 3.

§ 4 Internationale Parallelen des kulturellen Wandels 23

Massen der Bevölkerung begierig aufgegriffen. Die Hauptursache für diesen Vorgang ist die Ausbreitung der Massenkommunikationsmittel[8]. Agenten des kulturellen Wandels sind nicht mehr nur Bücher und Reisen — ein Privileg einiger weniger — sondern Straßenwerbung, Rundfunk, Filme und Illustrierte.

Doch interessieren an dieser Stelle weniger die Ursachen als die Ausdrucksformen dieses Wandlungsprozesses. Während die primitive Gesellschaft dem Individuum starke Bindungen auferlegt, die die normative Ordnung gegen die auch dort vorhandenen Spannungen und Krisen verteidigen[9], erscheinen nun plötzlich Verhaltensalternativen, die freilich zunächst nur von wenigen Außenseitern genutzt werden. Die von der Kolonialverwaltung oder von einer Zentralregierung eingeführte Jurisdiktion bewirkt, daß den alten Regeln nicht mehr der Nachdruck durch soziokulturelle Sanktionen gegeben werden kann. Der einzelne kann nun die traditionellen Bindungen abschütteln und individuellen Neigungen nachgeben. Er wird sich etwa der Verpflichtung, weit entfernte Verwandte materiell zu unterstützen, durch den Umzug in die Stadt entziehen, wird sich seine Frau wählen und nicht aufgrund von Sippenverhandlungen zudiktieren lassen, u. a. m.[10]. Zwar befindet sich der einzelne weiterhin in einer strukturierten sozialen Umgebung, die sein Verhalten innerhalb bestimmter Grenzen festlegt[11], doch verstößt plötzlich der Berufswechsel, der Übergang zu neuen landwirtschaftlichen Bearbeitungsmethoden, die Emigration zur Stadt nicht mehr gegen die Norm, selbst wenn diese nicht oder nicht nur im Interesse der Familie oder der Dorfgemeinschaft liegt[12].

Wie bedeutungsvoll dieser soziale Wandlungsprozeß als Voraussetzung für die wirtschaftliche Entwicklung ist, geht auch daraus hervor, daß, wie *Rostow* zeigt, die wirtschaftliche Entwicklung in Ländern ohne lebendige überkommene Kultur schneller fortschreitet als in traditio-

---
[8] *Lerner*, The Passing of Traditional Society, passim.
[9] *Moore*, Urbanization and Industrialization of the Labor Force in a Developing Economy, 160.
[10] *Rudolph*, Wolfgang: Die amerikanische „Cultural Anthropology" und das Wertproblem, 82 f.
[11] *Moore*, Industrialization and Labor, 173.
[12] Die Ausweitung des individuellen Freiheitsgrades läßt sich am besten an dem von *Hofstätter* entwickelten Spektrum verdeutlichen (*Hofstätter*, Einführung in die Sozialpsychologie, 75). *Hofstätter* schlägt vor, mögliche Verhaltensweisen nach dem Grad der Freiheit (oder der Bindung) einzuordnen. Er gruppiert folgendermaßen:
Unumstößliche Selbstverständlichkeiten
Konventionelle Sitten und Gebräuche
Moden
Individuelle Freizügigkeit
Mit der hier beschriebenen Aufweichung der traditionellen Bindungen vergrößert sich der Bereich der individuellen Freizügigkeit.

nellen Gesellschaften[13]. Die sogenannten Siedlungskolonien, in denen die Europäer ganz an die Stelle der Eingeborenen getreten sind[14], wie die Vereinigten Staaten, Australien, Neuseeland, Kanada, waren gewissermaßen „frei geboren"[15]. Der wirtschaftliche Fortschritt war im wesentlichen nur durch den jeweiligen Stand des technischen Wissens begrenzt. Demgegenüber setzt ökonomisches Wachstum in der traditionellen Gesellschaft grundlegende Änderungen der sozialen Struktur und des politischen Systems voraus.

Wie äußert sich nun dieser Vorgang, woran läßt sich diese Auflockerung der traditionellen Sozialstruktur beim Individuum ablesen? Daniel *Lerner* beschreibt den typischen Verlauf der Einstellungsänderungen, die sich bei der Bevölkerung einer Gesellschaft im Übergang vollziehen. Die Quelle der Abweichungen von den überkommenen Traditionen sind Ansprüche — der Mensch möchte plötzlich die Dinge haben, die vorher nur in Erzählungen anderer und in seiner Phantasie existierten, er möchte wirklich in der neuen Welt leben, von der er bisher nur durch das Radio und durch Bilder in Illustrierten erfahren hat[16].

Diese Ansprüche beziehen sich keineswegs etwa nur auf den Konsum. Vielmehr handelt es sich um den Wunsch, teilzunehmen an den Angelegenheiten des Gemeinwesens, der Nation, ein Wunsch, der zunächst einmal eine gewisse Fähigkeit zur Abstraktion von den vordergründigen eigenen Belangen voraussetzt. „The great gap is passed when a person begins to ‚have opinions' — particularly on matters which, according to his neighbors, 'do not concern' him[17]."

Wichtige Voraussetzung für wirtschaftliche Entwicklung ist nun ein Persönlichkeitswandel, der nach *Lerner* in folgender Weise charakterisiert ist:

a) Die Menschen beginnen, die soziale Zukunft als manipulierbar und nicht als vorherbestimmt zu betrachten; die Beeinflußbarkeit der Natur wird bis zu einem gewissen Grade rezipiert[18].

b) Sie sehen ihre Chancen im Leben eher durch persönliche Leistung als durch ererbte Stellung definiert.

c) Das Denken ist bereits zielgerichtet — und nicht mehr von Glaubensartikeln abgeleitet.

Erst dann kann sich also physische Mobilität ausbreiten, können Individuen durch Berufs- und Ortswechsel ihre Vorstellung von einem besseren Leben verwirklichen, wenn solche grundlegenden psychischen

---

[13] *Rostow*, Stages of Economic Growth, 17.
[14] Vgl. *Hettner*, Der Gang der Kultur über die Erde, 44.
[15] *Rostow*, Stages of Economic Growth, 17.
[16] *Lerner*, The Passing of Traditional Society, 72.
[17] *Lerner*, ebenda.
[18] *Rostow*, Stages of Economic Growth, 5 und 19.

Veränderungen in einem genügend großen Teil der Bevölkerung vorgegangen sind. Erst dann, wenn Informationen, Nachrichten über entfernte Länder und Menschen aufgenommen werden, wenn die traditionellen Loyalitäten abgeschüttelt worden sind, können die Verhaltensalternativen ergriffen werden, die sich in wirtschaftlichem Fortschritt auswirken. Dabei besteht die Funktion der modernen Massenmedien auch darin, das Vakuum auszufüllen, das durch das Zerbrechen der traditionellen Bindungen entstanden ist. Ein Indianer wird nur dann die für ihn nicht mehr überzeugenden Sippenverpflichtungen durch andere soziale Bindungen ersetzen, wenn ihm diese — z. B. die an die Nation — durch Zeitungen, durch das Radio oder durch andere Publizitätsformen nahegebracht worden sind. „The value of using the mass media for educational purposes lies precisely in the fact that they come to represent a new ‚voice of authority' replacing the authority of tradition[19]."

§ 5 Wirtschaftlicher Fortschritt — ein Elite-Problem?

Mobilität, d. h. die Bereitschaft zur Veränderung des wirtschaftlichen Verhaltens, ist zwar die allgemeinste, aber nicht die einzige individuelle Voraussetzung des wirtschaftlichen Fortschritts. Jeder Mensch, der mehr als bisher zum Sozialprodukt beitragen will, muß mobil, d. h. veränderungswillig sein. Selbst bei gleicher Mobilität der Bevölkerungen können sich jedoch verschiedene Entwicklungschancen mehrerer Volkswirtschaften wegen anderer Faktoren ergeben. Wenn wir im Einklang mit der modernen völkerpsychologischen Forschung voraussetzen, daß es keine wesentlichen interkulturellen Begabungsunterschiede gibt[1], kann der wirtschaftliche Fortschritt noch immer an dem zu niedrigen Ausbildungsstand der Bevölkerung scheitern oder durch ungünstige institutionelle Gegebenheiten (Erziehungs- und Rechtssystem, Handelsinstitutionen, geschäftliche Usancen, eine Statushierarchie, die sich nicht den verschiedenen Stufen der Über- und Unterordnung im Produktionsprozeß anpaßt) behindert werden.

Ebenso wie all diese Faktoren muß auch die Versorgung mit einer hinreichend ausgebildeten Elite von (privaten) Unternehmern oder staatlichen Organisatoren zumindestens in eine kurz- oder mittelfristige Analyse des wirtschaftlichen Wachstums einbezogen werden. Wenn man sich aber vor Augen hält, daß sich diese Elite von Führungskräften — wenn wir von dem atypischen Fall der Einwanderung absehen wollen — zunächst einmal aus der Masse der Bevölkerung rekrutieren muß, und daß die institutionellen und pädagogischen Voraussetzungen für die Ausbildung von Führungskräften einer modernen Wirtschaft

---

[19] *McClelland*, The Achieving Society, 193.
[1] UNESCO (Herausgeber), The Race Question in modern Science, passim.

eher Begleiterscheinung und Ergebnis als Ursache des Wachstumsprozesses sind, dann wird klar, daß die Heranbildung einer unternehmerischen und organisatorischen Elite in Entwicklungsländern weitgehend durch die Mobilität der Gesamtbevölkerung determiniert wird. Eine solche Schicht kann nämlich nur entstehen, wenn die traditionelle Gesellschaft hinreichend flexibel und schwach ist, um ihren Mitgliedern den sozialen und materiellen Aufstieg zu gestatten[2], wobei es dahingestellt bleiben soll, ob diese Elite eine „leicht entfremdete Minderheit" *(Boulding)* sein muß, ob sie, wie *Rostow* meint, fühlen muß, daß ihr „die herkömmlichen Wege zu Prestige und Macht durch die traditionelle, weniger gewinnorientierte Gesellschaft verwehrt sind"[3].

Vorerst ist nämlich in den Entwicklungsländern, mit denen wir uns hier ausschließlich beschäftigen, die Schicht der Unternehmer, die „über die wirtschaftliche Erfahrung und erprobte und gewohnte Routine hinausgreifend... neue Möglichkeiten erkennen und durchsetzen"[4], noch relativ schwach ausgeprägt. Ungleich dem Aufbau der vorindustriellen europäischen Gesellschaften existiert in den meisten heute unterentwickelten Ländern kein durch Handel wohlhabendes Bürgertum, das, bevor es die Funktion des industriellen Unternehmers übernahm, im wirtschaftlichen Disponieren erfahren war. In den meisten Fällen gibt es keinen Mittelstand; vielmehr besteht die Bevölkerung praktisch nur aus kleinen Bauern.

Die umfangreiche Literatur über die Schlüsselrolle des Unternehmers für den Prozeß der wirtschaftlichen Entwicklung[5] darf nicht darüber hinwegtäuschen, daß die dünne Schicht von ausländischen oder einheimischen Geschäftsleuten, Pflanzern oder Administratoren allein kaum den Vorgang des „self-sustaining growth" in Bewegung setzen kann, von dem dann die Sozialstruktur, die Motivation und die Mobilität der breiten Bevölkerung über kurz oder lang ergriffen werden müßte. Wäre dies der Fall, bedürfte die Mentalität der Bevölkerung keiner Untersuchung. Die benötigte Persönlichkeitsstruktur würde sich mit dem Entwicklungsprozeß bilden, so daß ein Entwicklungsprogramm sich nur eine Aufgabe zu stellen hätte, nämlich die, eine Umgebung zu schaffen, die der Unternehmertätigkeit günstig ist[6].

---

[2] *Rostow*, Stages of Economic Growth, 51.
[3] *Rostow*, ebenda.
[4] *Schumpeter*, Artikel „Unternehmer", 483.
[5] Vgl. *Rexhausen*, Der Unternehmer und die wirtschaftliche Entwicklung, und *Redlich*, Der Unternehmer — wirtschafts- und sozialgeschichtliche Studien.
[6] So beschreibt *McClelland* (The Achieving Society, 425) die — von ihm nicht geteilte — Vorstellung, die Qualität des menschlichen Beitrags zum wirtschaftlichen Fortschritt sei ausschließlich eine Funktion des Entwicklungsprozesses selbst. „Es ist eine Variante der sozial-darwinistischen Vorstellung, daß die Umgebung die Art von Leuten auswählt, die in ihr Erfolg haben können, oder, daß es die Gelegenheit ist, die das Unternehmertum schafft." (ebenda).

§ 5 Wirtschaftlicher Fortschritt — ein Elite-Problem?

Die Frage, die in dieser Arbeit im Vordergrund steht, ist jedoch gerade die nach den Voraussetzungen des Entwicklungsprozesses, nach seinem Anfang. Es soll hier nicht bestritten werden, daß dieser Prozeß, wenn er erst eingesetzt hat, die Herausbildung einer Führungsschicht und die Ausbreitung der Normen und Motivationen, die den erfolgreichen Unternehmer charakterisieren, zweifellos fördern wird. Die Hindernisse gegen die Entwicklung mögen am leichtesten von der wirtschaftlichen Seite aus abbröckeln[7].

In einem Land mit traditioneller Produktionsstruktur darf aber wirtschaftlicher Fortschritt keineswegs als zwangsläufig angesehen werden. Ob es schließlich zu einem take-off *(Rostow)* überhaupt kommen wird, das hängt zunächst einmal von dem Charakter und der Stärke der Traditionen der Gesamtbevölkerung ab, die somit zu der entscheidenden untersuchungsbedürftigen Unbekannten werden[8].

---

[7] *Buchanan/Ellis,* Approaches to Economic Development, 407: „In der Geschichte scheint der mächtigste Faktor für die Reorientierung und Umformung der sozio-kulturellen Umgebung die Ausbreitung des Handels gewesen zu sein."
[8] Vgl. auch *Morgan,* Comparative International Surveys on Economic Behavior, 2.

Empirischer Teil

Erster Abschnitt

Die Grundlagen der Untersuchung

§ 6 Das Forschungsprogramm:
Die Analyse der Bereitschaft zu Veränderungen

Eine Theorie der wirtschaftlichen Entwicklung hätte dann ihre Aufgabe weitgehend gelöst, wenn es ihr gelänge, die Bedingungen zu formulieren, unter denen die Menschen sich als veränderungsbereit erweisen, genauer: Gelegenheiten zur Verbesserung ihrer wirtschaftlichen Lage nutzen[1]. Um hier zu allgemeingültigen theoretischen Zusammenhängen zu gelangen, bedarf es zunächst einer großen Anzahl von Fallstudien, die das Entstehen und die Veränderungen des sich in wirtschaftlichem Wachstum auswirkenden Verhaltens innerhalb einzelner Gesellschaften durchleuchten.

Die erste Aufgabe bestände darin, Methoden für eine Bestandsaufnahme, für eine Diagnose der Mobilität zu entwickeln. Präzise Aussagen im voraus über die Reaktionen, die die Schaffung von Arbeitsplätzen in der Industrie, ein landwirtschaftliches Strukturprogramm oder eine sonstige entwicklungspolitische Maßnahme bei der betroffenen Bevölkerung auslösen würden, wären von großem Wert für die erfolgreiche Gestaltung der Wirtschaftspolitik in Entwicklungsländern.

Über diese Diagnose der momentanen Beweglichkeit hinaus bedarf es jedoch unbedingt der Prognose, m. a. W. der Aussagen über das Stadium des geistigen und sozialen Wandlungsprozesses, in dem sich eine Gesellschaft oder eine Bevölkerungsgruppe befindet. Selbst wenn eine Gesellschaft keine Bereitschaft zur wirtschaftlichen Entwicklung zeigt, so können sich doch bereits Einstellungen und Normen teilweise durchgesetzt haben, die bestimmte traditionelle Verhaltensweisen zu unterhöhlen drohen. Eine solche Prognose muß auch auf der Kenntnis der Motivation des für wirtschaftlichen Fortschritt relevanten Verhaltens aufbauen. Neben dem in anderem Zusammenhang bereits erwähn-

---
[1] *Schmölders*, Der Beitrag der Verhaltensforschung zur Theorie der wirtschaftlichen Entwicklung.

§ 6 Das Forschungsprogramm

ten Leistungsmotiv[2] dürfte besonders die Rolle der Konsumansprüche zu untersuchen sein. Empirisch fundierte Aussagen hierüber könnten besonders zu der Diskussion der Frage beitragen, inwieweit der Zuwachs des Sozialprodukts in Entwicklungsländern der Sparquote zugute kommen soll, und inwieweit sich andererseits ein solcher Zuwachs in einer unmittelbaren Erhöhung des Lebensstandards niederschlagen darf[3].

Weiterhin ergibt sich die Frage, wie die Bevölkerung dem Sparen und der produktiven Anlage gegenüber eingestellt ist[4]. Dies ist gleichzeitig die Frage nach dem Planungs- und Disponierungshorizont. Der Bauer z. B., der nur auf seinen Unterhalt und nicht auf Substanzvermehrung aus ist[5], disponiert nicht über den Zeitraum eines Jahres hinaus. Ihm fehlt das Gefühl, daß die Arbeit von heute Lebensvoraussetzung für die Generationen von morgen ist.

Auf einer anderen, gewissermaßen einen Schritt zurückverlagerten Ebene dürfte es sich als fruchtbar erweisen, die bereits erwähnten „Agenten" des weltweiten Modernisierungsprozesses auf ihre Konsequenzen für den wirtschaftlichen Fortschritt zu untersuchen. Wie verändert sich das ökonomische Verhalten und seine Motivation unter dem Einfluß eines an städtisch-zivilisierten Maßstäben orientierten Erziehungssystems, das nicht nur die Fähigkeit zum Lesen und Schreiben, sondern auch die Kenntnis der Lebensumstände in den reichen Industrieländern verbreitet[6]? Wie und in welcher Weise, wenn überhaupt, fördert die Konfrontation mit den Ideen des modernen Wohlfahrtsstaates, der Zugang zum Radio und anderen Massenkommunikationsmitteln, kurz, der Kontakt mit der westlichen Kultur, Zivilisation und Technologie, die Bereitschaft zum wirtschaftlichen Vorwärtskommen?

Wenn man davon ausgeht, daß dieser Kontakt mit den modernen Industriegesellschaften zwar den Anstoß gibt für die Erschütterung der traditionellen Kultur, die neue Motivationsstruktur, die der wirtschaftliche Fortschritt erfordert, aber keineswegs mitliefert[7], so wird klar, daß man die Entwicklungsbereitschaft einer Bevölkerung nicht einfach durch die Intensität dieses Kontaktes ausdrücken kann[8]. Vielmehr müs-

---
[2] Vgl. § 3.
[3] Vgl. *Smithies*, Rising Expectations and Economic Development, 258 ff. Im Gegensatz zu Ragnar *Nurkse* befürwortet *Smithies* eine hohe Konsumquote, der er eine bedeutende Anspornwirkung zuschreibt.
[4] *Lewis*, Die Theorie des wirtschaftlichen Wachstums, 23.
[5] *Wolf*, Types of Latin American Peasantry.
[6] Vgl. *Hoselitz*, Balanced Growth, Destabiliziers, and the Big Push, 477.
[7] *Schmölders*, Der Beitrag der Verhaltensforschung...
[8] Vgl. auch *Hagen*, Turning Parameters into Variables in the Theory of Economic Growth, 623; *Hagen* weist darauf hin, daß sich, wenn man die vier wichtigsten asiatischen Länder Japan, China, Indien und Indonesien nach dem Tempo des wirtschaftlichen Wachstums gliedert, sich eine völlig andere, näm-

sen die Eigenarten der traditionellen Kultur[9] zur Erklärung des Stadiums der wirtschaftlichen Entwicklung, in dem sich eine Gesellschaft befindet, mit herangezogen werden. Die Verhaltenswirksamkeit der traditionellen Kultur kann nur durch die Untersuchung mehrerer Gesellschaften oder mehrerer Gruppen innerhalb einer Gesellschaft nachgewiesen werden. Um den Faktor „Tradition" isoliert halten zu können, dürfen freilich nur solche Gesellschaften oder Gruppen miteinander verglichen werden, die etwa gleichstarken Kontakt mit der Zivilisation haben und hatten.

Die Einflüsse der Zivilisation auf das Verhalten können isoliert werden, indem innerhalb einer Gesellschaft oder einer Gruppe mit etwa vergleichbaren Traditionseinflüssen das Verhalten der Personen, die mit diesen Einflüssen stärker in Berührung gekommen sind, dem Verhalten von solchen, die keinen oder nur wenig Kontakt mit der Zivilisation hatten, gegenübergestellt wird. Dieser Kontakt drückt sich darin aus, daß sich die Einstellungen, Normen und Wertungen ändern, mit anderen Worten, daß sich die Denkart industrieller Gesellschaften ausbreitet. Der Bewußtseinswandel, der sich hier vollzieht, läßt sich messen. Es ist möglich, Individuen, die bereits stark von den neuen Maßstäben beeinflußt sind, von solchen zu unterscheiden, deren Ausblick sich wenig oder gar nicht von dem ihrer Väter entfernt hat.

Während das Wertsystem der traditionellen Gesellschaft durch eine Art von long-run Fatalismus charakterisiert ist, d. h. durch die Einstellung, daß den Enkeln nicht mehr Möglichkeiten geboten würden, als sie den Großvätern bereits zur Verfügung standen[10], würde eine gewisse Wahrnehmung des Wandels oder doch wenigstens das Gefühl dafür, daß sich die Zustände in den nächsten Jahren oder Jahrzehnten bessern könnten, eine solche Bewußtseinsänderung anzeigen.

Solche Änderungen im Ausblick hängen eng mit der Beurteilung der eigenen Lage zusammen. Erst dann, wenn Not nicht mehr durch eine Religion gerechtfertigt wird, wird sie überhaupt empfunden[11]. Nimmt die Bevölkerung wahr, daß Hunger und Armut nicht das unausweichliche Schicksal ist, sondern daß Chancen für ein besseres Leben existieren[12]?

Die wachsende Erkenntnis der eigenen Armut kann besonders dann, wenn der einzelne keine unmittelbaren Gelegenheiten zur Verbesserung seiner Lage wahrnimmt, zu der Einstellung führen, daß es die Verpflichtung der „Außenwelt" (sei es des Staates oder des industriellen

---

lich genau die umgekehrte Reihenfolge ergibt als die, die man erwarten müßte, wenn man eine Prognose nach der Intensität des Kontaktes mit dem Westen aufgestellt hätte (Indonesien, Indien, China, Japan).
[9] Über die teils hemmende, teils fördernde Rolle der Tradition im Entwicklungsprozeß vgl. *Hoselitz*, Tradition and Economic Growth, 98 f.
[10] *Rostow*, Stage of Economic Growth, 5.
[11] *Moore*, Industrialization and Labor, 17.

Auslandes) ist, ihm ein angemessenes Leben zu garantieren. Diese Anschauung entsteht meist im Gleichschritt mit dem Nationalgefühl und ist eine Folge der Einführung von Schulen und Massenmedien[13]. Das Wohlfahrtsstaatsdenken kann sich konkret darin äußern, daß vom Staat Leistungen, wie die Unterhaltung der Alten und Arbeitsunfähigen, Gesundheitsfürsorge, die Einführung und Finanzierung von landwirtschaftlichen Neuerungen oder einfach die Bereitstellung von Geld erwartet werden.

Ferner ist zu prüfen, wie sich die Bereitschaft zu einem für wirtschaftliche Entwicklung förderlichen Verhalten, wenn sie einmal vorhaben ist, verändert. Zwar kann es als erwiesen gelten, daß sich der Bazillus „Motivationswandel" im Gefolge des wirtschaftlichen Fortschritts ausbreitet, denn von dem höheren Lebensstandard derjenigen, für die sich die Bereitschaft zur Veränderung ausgezahlt hat, geht ein starker Werbeeffekt aus[14]; offen bleibt jedoch noch, wie eine Bevölkerung oder eine Gruppe, die zu solchen Veränderungen bereit ist, aber keine Möglichkeiten hierfür vorfindet, auf diesen Mangel reagiert. Es muß untersucht werden, ob und unter welchen Voraussetzungen sich hier Resignation, politischer Radikalismus oder eine Rückkehr zum Immobilismus breitmachen, kurz, welche Konsequenzen die „revolution of rising frustrations"[15], das langanhaltende Mißverhältnis zwischen Ansprüchen und Befriedigungsmöglichkeiten auf die Dauer für die späteren Entwicklungschancen einer Volkswirtschaft hat.

Der theoretische Ansatz einer vergleichenden Studie des wirtschaftlichen Verhaltens in der Entwicklungssituation ist in der folgenden Systematik verdeutlicht. Die technische und methodische Durchführbarkeit dieses Ansatzes wird in der umseitig vorgelegten empirischen Untersuchung demonstriert.

§ 7 Die Methode: das standardisierte Interview

Die empirische Untersuchung, über die im folgenden berichtet wird, hat sich die Aufgabe gestellt, im Einklang mit den im vorstehenden Kapitel entwickelten Forschungsprogramm zu prüfen, inwieweit bei der Landbevölkerung von Britisch-Honduras die psychologischen Voraussetzungen zum wirtschaftlichen Wachstum vorliegen. In Anbetracht der kausalen Schlüsselrolle, die einigen Verhaltensweisen beim Beginn

---
[12] *Butler*, Problems of Industry in the East, International Labour Office, Studies and Reports, 65; nach *Moore*, Industrialization and Labor, 17.
[13] *Lerner*, The Passing of Traditional Society, passim.
[14] *Schmölders*, Der Beitrag der Verhaltensforschung...
[15] Vgl. *Lerner*, The Passing of Traditional Society, passim. Lt. *Lerner* ist diese Situation symptomatisch für die von ihm in der ersten Hälfte der fünfziger Jahre untersuchten nahöstlichen Länder.

Schaubild 1

Theoretischer Ansatz einer Untersuchung der Wirtschaftsmentalität in Entwicklungsländern

Intervenierende Variable[a]

Unabhängige Variable	*der unabhängigen Variablen näher*	*der abhängigen Variablen näher*	*Abhängige Variable*
a) Kontakt mit der Zivilisation	Einstellungen	Motivation des wirtschaftlichen Verhaltens	wirtschaftliches Verhalten
b) Stärke der traditionellen Kultur	Normen Traditionen		

Konkrete Erhebungstatbestände

a) *Einflüsse von außen*	Bewußtseinswandel	Mobilitätsmotive	Mobilität
Schulerziehung	Wahrnehmen von Veränderungen	Gelderwerb	Ortswechsel
Radio		Konsumansprüche	Berufswechsel
Druckerzeugnisse	Zukunftserwartungen	Leistungsstreben	Grundlegende Verbesserung der Produktionsmethoden
Besucher	Ansprüche an den Staat	Patriotismus	
Einführung neuer Konsumgüter	Nationalgefühl	sozialer Aufstieg	
b) *Erziehung im Elternhaus*			

a) Dieser Begriff wird hier in gleicher Weise verwendet wie von Newcomb, der sein Konzept am Beispiel des Zusammenhanges zwischen sozialen Umwelteinflüssen und Jugendkriminalität erklärt. „Auf alle diese Einflüsse (unabhängige Variable) reagiert Eduard, indem er Motive, Einstellungen und seine besondere Art und Weise, die Dinge zu sehen und gefühlsmäßig darauf zu reagieren, entwickelt (intervenierende Variable)." (NEWCOMB, Sozialpsychologie, 25)

des wirtschaftlichen Fortschritts zukommen, beschränkt sich diese Untersuchung darauf, die Einstellungen, Motive und Normen der Menschen im Hinblick darauf zu analysieren, wieweit sie mit diesen Verhaltensweisen — Änderungen in den Produktionsmethoden, Ortswechsel und Berufswechsel — in Einklang oder in Konflikt stehen. Auf anderen Gebieten der ökonomischen Theorie haben sich Daten über Einstellungen und Motive bereits als Ausgangspunkte für Erklärung und Prognose bewährt; so ist z. B. erwiesen, daß solche Faktoren die Konsumnachfrage genauer prognostizieren können als makroökonomische Größen wie das Volkseinkommen oder seine quantitativen Veränderungen[1].

---

[1] Vgl. *Katona*, Das Verhalten der Verbraucher und Unternehmer, und *Schmölders*, Zehn Jahre sozialökonomische Verhaltensforschung in Köln, 259 ff.

§ 7 Die Methode: das standardisierte Interview

Da der Übergang zu nachhaltigem wirtschaftlichem Fortschritt, wie bereits dargestellt wurde, durch einen langfristigen sozialen Wandlungsprozeß überhaupt erst ermöglicht wird, können zur Erklärung des wirtschaftlichen Wachstums nur solche Einstellungen und Motive etwas beitragen, die längerfristig stabil sind, im Gegensatz zur Prognose von kurzfristigen Nachfrageschwankungen, die notwendigerweise auf relativ leicht veränderlichen Einstellungen aufbauen muß[2]. Unter den stabileren Einstellungen, Normen und Motiven — wir wollen sie hier kurz Verhaltensdispositionen nennen — müssen wir wieder solche unterscheiden, die durch massive Einflüsse im Erwachsenenalter noch geändert werden können, und solche, die das Individuum in der Kindheit erwirbt und die während des ganzen Lebens beibehalten werden[3].

Ein kurzfristiges Entwicklungsprogramm muß die gegenwärtig vorhandenen Verhaltensdispositionen als Datum hinnehmen. Ein längerfristiges Programm kann dagegen versuchen, diese zu beeinflussen, z. B. durch die Verbreitung von Konsumansprüchen. Andere Verhaltensdispositionen jedoch können nur auf dem Wege über die Schulerziehung und die mit ihr verbundene Massierung von Zivilisationseinflüssen geändert werden. Nur Kinder und junge Leute können dann erreicht werden; es dauert sehr lange, bis ein hinreichend großer Anteil der Bevölkerung die neue Denkweise rezipiert hat.

Man muß sich freilich darüber klar sein, daß in einer Gesellschaft, die psychologisch noch nicht einmal am Anfang des Weges zum wirtschaftlichen Fortschritt ist, die produktive Veränderung des wirtschaftlichen Verhaltens auf lange Zeit hinaus auf Außenseiter beschränkt bleibt. Nur wenige verlassen das Heimatdorf, um in der Industrie zu arbeiten. Wenn der Kontakt mit der Zivilisation massiv genug war, ist jedoch eines Tages eine grundlegende Veränderung des Arbeitsverhaltens nicht mehr verboten; vielmehr hat nunmehr der einzelne zwischen Alternativen zu wählen. Der soziale Aufweichungsprozeß bringt eine Ausdehnung der individuellen Freizügigkeit (*Hofstätter*) mit sich. Der einzelne, der „Normalbürger" (im Gegensatz zu dem Privilegierten), erhält damit eine wachsende Bedeutung für die Analyse des Entwicklungsprozesses. Er beginnt, sich als mit gewissen Rechten ausgestatteter Staatsbürger zu fühlen und die Möglichkeiten, die ihm die Welt außerhalb seines Dorfes bietet, zur Kenntnis zu nehmen und sie mit seiner gegenwärtigen Umgebung zu vergleichen. Je mehr sich eine traditionelle Gesellschaft modernisiert, desto weniger sind ihre Glieder hilflose Objekte bestehender Zustände oder Herrschaftsverhältnisse, desto mehr haben sie Stimmen, die die Verteilung der Macht beeinflus-

---
[2] Vgl. *Katona*, Die Macht der Verbraucher.
[3] Vgl. Boulding, Elise, Orientation toward Achievement or Security in Relation to Consumer Behavior, 365.

sen, desto mehr drücken sie Meinungen aus, die die Werte und Normen der Gesellschaft mitprägen[4].

Die Feststellung, daß der einzelne einen größeren Freiheitsgrad bekommt als zuvor, daß Alternativen existieren, die von ihm entschieden werden, daß ein Neuerer nicht mehr durch die Gruppe daran gehindert wird, sich eine technische Errungenschaft nutzbar zu machen[5], führt zu einer wichtigen methodologischen Konsequenz. Unter den geschilderten Umständen kann nämlich die Analyse der traditionellen Kultur allein den wirtschaftlichen Fortschritt nicht erklären; vielmehr wird es nötig, die Ursache des individuellen Verhaltens bei dem Individuum selbst zu suchen, d. h. seine Motivstruktur zu analysieren. Zwar bleibt es weiterhin notwendig, die soziale Umgebung, die herrschenden Normen, die Auswirkung der Erziehung des einzelnen in die Betrachtung mit einzubeziehen, aber nicht, wie es in Anbetracht des verschiedenen Untersuchungsobjekts durchaus legitimer Brauch der Ethnologen ist, als allein bedeutsame Determinanten des Verhaltens, sondern nur als Einflußgrößen, deren Wirksamkeit auf das Verhalten im Einzelfall untersucht werden muß. Bei der Einführung von Neuerungen, gleichgültig, ob es sich um hygienische Verbesserungen, um Veränderungen der landwirtschaftlichen Produktionsmethoden, um die Aufnahme industrieller Arbeit oder um die Modernisierung der Wohnverhältnisse handelt, übernehmen manche Leute bereitwillig das Neue, und andere tun ihr Äußerstes, um ihm zu widerstehen. Selbst Personen, die die gleichen sozialen Positionen einnehmen und die den gleichen Einflüssen unterworfen sind, reagieren hier völlig verschieden[6]. Daher ist es notwendig, sowohl die individuellen Anpassungsvorgänge als auch die Veränderungen der Institutionen zu untersuchen[7].

Soll ermittelt werden, ob entwicklungspolitische Maßnahmen bei einer Bevölkerung Resonanz finden würden, so muß also das Individuum zum Forschungsobjekt werden. Das heißt nun freilich nicht, daß individualpsychologische Fallstudien am Platze wären. Es kommt hier nicht auf die Reaktion eines oder sehr weniger Menschen, sondern auf die der ganzen Bevölkerung an. Freilich kann sich herausstellen, daß Untergruppen der Gesamtbevölkerung sich in für die Problemstellung wichtigen Punkten voneinander unterscheiden. Die Jungen mögen anders reagieren als die Alten, die Armen anders als die Wohlhabenderen, und Analphabeten anders als diejenigen, die schon lesen und schreiben können. Ferner können sich starke Unterschiede zwischen verschiedenen

---

[4] *Lerner*, Introduction zu „Attitude Research in Modernizing Areas", 220.
[5] *Thurnwald*, Werden, Wandel und Gestaltung der Wirtschaft im Lichte der Völkerforschung, 202.
[6] *Back*, The Change-prone Person in Puerto Rico, 330.
[7] *Herskovits*, Economic Change and Cultural Dynamics, 131.

Kulturen ergeben: trotz etwa gleich starker Zivilisationseinflüsse mag eine Bevölkerung anders reagieren als eine andere.

Wir deuteten bereits an, daß wir dann, wenn uns eine für alle Länder in der Entwicklungssituation gültige Theorie über die Rolle der Bevölkerung bei der wirtschaftlichen Entwicklung als Fernziel vorschwebt, vergleichbare Informationen benötigen. Wollen wir zum Beispiel allgemeine, über eine Gesellschaft hinaus gültige Aussagen über die Wirksamkeit des Leistungsmotivs[8] auf die Mobilität machen, brauchen wir die gleichen Daten von verschiedenen Gesellschaften. Die moderne Sozialwissenschaft hat hier Meßtechniken entwickelt, die mehr als nur durch reine Beobachtungen gewonnene, notwendigerweise unpräzise Daten liefern[9]. Eine solcher Techniken, das zur Untersuchung großer Gruppen häufig verwendete standardisierte Interview, das sich auf eine hinreichend große Zahl von Personen erstrecken muß, um quantitativ formulierbare Ergebnisse zu erbringen, wurde in der im folgenden referierten Untersuchung angewendet[10].

§ 8 Das Beispiel: Britisch-Honduras, Wirtschaft und Bevölkerung

Politische Emanzipation und wirtschaftliche Abhängigkeit

Britisch-Honduras, ein Land mit etwa 95 000 Einwohnern, liegt an der Ostküste Mittelamerikas am Karibischen Meer. Es erstreckt sich etwa 250 km in Nord-Süd-Richtung und 100 km in Ost-West-Richtung. Im Norden grenzt es an Mexiko, im Süden und Westen an Guatemala.

Formell ist Britisch-Honduras noch eine englische Kronkolonie. In Wirklichkeit wird das Land jedoch weitgehend von einem demokratisch gewählten einheimischen Premierminister regiert. Dieser ist Führer der „People's United Party", einer gemäßigten Partei mit christlichem Gepräge. Der britische Gouverneur hat das Recht, gegen alle Verwaltungsmaßnahmen sein Veto einzulegen; die Außenpolitik ist den Briten ganz vorbehalten. Dennoch bittet die einheimische Regierung, unabhängig von der Kolonialverwaltung, Kanada und die Vereinigten Staaten um Entwicklungshilfe, verhandelt mit den in Belize bestehenden auswärtigen Vertretungen (ein guatemaltekischer, ein mexikanischer und ein US-amerikanischer Konsul) und erteilt Visa. Es sieht so aus, als ob die Bindungen zu England von der einheimischen Regierung sorgfältig gehütet werden, nicht zuletzt wegen der Abhängigkeit von britischer Finanzhilfe.

---
[8] Vgl. § 3.
[9] Vgl. *Ramsey*, Charles E., und *Collazo*, Jenaro, Some Problems of Cross-Cultural Measurement, 91.
[10] Einzelheiten zur Auswahl und zur Befragungstechnik finden sich im Kapitel „Technisches zur Erhebung" im Anhang.

Das Verwaltungs- und Schulsystem von Britisch-Honduras verdient Bewunderung. Die Polizei ist gut ausgebildet und organisiert. Die höheren Beamten, die der Verfasser traf, waren aufgeschlossene und gut informierte Einheimische, zum großen Teil mit Auslandserfahrung. Fast alle Schulen, insbesondere die Oberschulen, werden von den Kirchen unterhalten. Während die meisten Landlehrer sich aus den Reihen der einheimischen Oberschulabsolventen rekrutieren, lehren Ausländer, besonders US-Amerikaner, an diesen Oberschulen. Praktisch erhalten alle Kinder eine Schulerziehung.

Britisch-Honduras ist ein Musterbeispiel für eine „abhängige Wirtschaft"[1]. Das Land ist so klein, der einheimische Markt ist so begrenzt, und mögliche auswärtige Märkte sind so weit entfernt, daß nicht einmal Güter des Massenverbrauches wie Streichhölzer, Bier, Seife im Inland erzeugt werden können. Die Kolonie ist daher sehr stark auf Konsumgüterimport angewiesen. 80—90 % des Exports, der freilich die Einfuhr nur zu 50—60 % zu decken imstande ist, entfallen auf drei Produkte — Mahagoni, Zitrusfrüchte, Zucker[2]. Die Bedeutung des Mahagoni-Exports hat wegen der allmählichen Erschöpfung der Holzbestände bereits stark abgenommen. Aber auch andere traditionelle Exportgüter sind in ihrer Bedeutung stark zurückgegangen. Die Bananenproduktion wurde infolge von Pflanzenkrankheiten eingestellt, und die Kopragewinnung leidet unter den häufigen schweren Wirbelstürmen[3]. Der Export von Zitrusfrüchten in roher oder verarbeiteter Form erfordert noch immer öffentliche Subventionen, obwohl er schon vor mehr als 10 Jahren angelaufen ist. Das Bedenkliche an dem von der Regierung forcierten Ausbau der Zitrusproduktion und -verarbeitung ist die Tatsache, daß die Weltmarktpreise für tropische Früchte stärker schwanken als die für Forsterzeugnisse, die freilich noch immer weit mehr als die Hälfte der Exporte ausmachen.

Der gegenwärtige Lebensstandard stützt sich wesentlich auf einen Importüberschuß, der nur deshalb nicht zu einer Erschöpfung der Devisenbestände führt, weil England regelmäßig etwa ein Drittel des Budgets der Kolonie trägt. Diese Zuwendungen werden teilweise für die Verbesserung der Infrastruktur ausgegeben; zum anderen Teil aber dienen sie dazu, die relativ sehr hohen Ausgaben für den aufgeblähten Verwaltungsapparat und das Schulwesen mitzufinanzieren[4]. Die wach-

---

[1] Vgl. *Jones*, Carey, The Pattern of a Dependent Economy, 99: „In einer abhängigen Wirtschaft wird der Handwerker nicht von einer Fabrik, die ähnliche Erzeugnisse produziert, sondern von einer Exportindustrie, die etwas ganz anderes herstellt, ersetzt."

[2] Mahagoni und Zuckerrohr, in: Frankfurter Allgemeine Zeitung vom 6. 1. 1964.

[3] Vgl. International Bank for Reconstruction and Development, The Economic Development Program of British Honduras, 1 ff.

[4] *Boulding*, Notes on British Honduras, 4.

sende Nachfrage nach Nahrungsmitteln, die durch die steigenden Staatsausgaben (bei gleichem Steueraufkommen) verursacht wird, übt einen dauernden inflationären Druck auf den Lebenshaltungskostenindex aus, ein Druck, der nur durch das Fehlen eines ausreichenden Wettbewerbs der Händler erklärt werden kann.

Eine leistungsfähige einheimische Landwirtschaft, die sich an die wachsende Nachfrage anpassen könnte, existiert nicht. Zwar entfernt sich die Landbevölkerung mehr und mehr von der reinen Selbstversorgung; auch ihre Abhängigkeit von der Versorgung von außerhalb ist gestiegen. Zwar werden einige Produkte, besonders tropische Früchte, im Überfluß angeboten und sind gar, wie wir später sehen werden, unverkäuflich; gerade die Produktion von Grundnahrungsmitteln jedoch — Mais, schwarze Bohnen, Reis, Fleisch — stagniert. Die Bauern haben noch nicht begonnen, in größerem Maße für den Markt zu produzieren. Die landwirtschaftlichen Bearbeitungsmethoden und die Betriebsgrößen sind im wesentlichen unverändert geblieben. Das traditionelle Milpa-System (nur vorübergehende Nutzung von abgebranntem ungerodetem Waldland) herrscht noch immer vor. Dieses System ist mit einer wesentlichen Erhöhung der landwirtschaftlichen Produktion unvereinbar. Um den Bauern ein gewisses Geldeinkommen zu garantieren, zahlt die Regierung für Mais, Reis und Bohnen Festpreise, die weit über den Weltmarktnotierungen liegen.

Britisch-Honduras ist reich an ungenutztem Ackerland. Ein großer Teil dieser Landreserven ist das Eigentum der unter britischem Einfluß stehenden Belize Estate Company, deren Hauptinteresse in der Ausbeutung der Forsten besteht[5].

Ethnische Vielfalt

Die Bevölkerung von zur Zeit 90 000 bis 100 000 Menschen wächst sehr stark, nämlich um etwa 3 % pro Jahr. Diese Wachstumsrate ist höher als die der meisten asiatischen Völker. Dennoch ist die Bevölkerungsdichte mit 4 Personen pro km² noch niedrig. Etwa ein Drittel der

---

[5] Diese Gesellschaft zeigt eine kolonial anmutende Rigorosität ihren bäuerlichen Pächtern gegenüber. In dem Dorf San Felipe z. B. wird das Land jeweils nur für ein Jahr verpachtet, eine Regelung, die natürlich jede bleibende Verbesserung des Landes, Rodung oder das Anpflanzen von Obstplantagen verhindert, obgleich die Vorfahren der heutigen Bevölkerung schon vor 100 Jahren das Dorf gründeten. Vor dem Bau einer Wohnhütte müssen die Bauern die Zustimmung der Gesellschaft einholen. Gelegentlich wird die Erlaubnis von der Gesellschaft ohne Angabe von Gründen verweigert. Eine Häufung solcher Verweigerungen führt zu einer rapiden Verschlechterung der Lebensverhältnisse. Es sind dann viele jungverheiratete Ehepaare gezwungen, zusammen mit ihren Eltern in einräumigen Häusern zu leben. Die Bevölkerung nimmt an, daß die Gesellschaft den Bauern bald kündigen wird, um ungestört von ihnen — sie brennen ja laufend den Urwald zwecks Gewinnung von Milpa-Land ab — die Holzbestände besser ausbeuten zu können.

Bevölkerung lebt in der Hauptstadt Belize, ein Sechstel in Kleinstädten, die Hälfte in Dörfern und anderen verstreuten Ansiedlungen. Diese letztere Gruppe ist der Gegenstand unserer Untersuchung.

Die Bevölkerung von Britisch-Honduras setzt sich aus vielen verschiedenen ethnischen Gruppen zusammen, nämlich (nach der Größe geordnet): Kreolen, Maya- und spanisch sprechende Indianer, Karibier, Europäer und Asiaten. Englisch ist die Amtssprache. Außer Englisch wird vor allem Spanisch, Karibisch, Maya und Plattdeutsch[6] gesprochen. Es gibt keine europäischen Pflanzer, eine Gruppe, deren Existenz in so mancher Kolonie auf dem Wege zur Selbständigkeit schwere Probleme mit sich bringt. Die Landwirtschaft ist, wenn man von den Mennoniten absieht, praktisch ausschließlich in der Hand der Einheimischen.

Die Kreolen — dieser Name bezeichnet diejenigen, deren erste Sprache ein englischer Dialekt, das Creo-Englisch ist — sind Neger meist mit weißem Einschlag, Nachkommen von Mischungen zwischen Weißen und Negern. Unter ihren Vorfahren befinden sich Sklaven, die von englischen Pflanzern und Holzkaufleuten im 18. Jahrhundert importiert wurden. Viele Kreolen arbeiten noch immer in der Forstwirtschaft, nur wenige in der Landwirtschaft.

In Britisch-Honduras gibt es zwei verschiedene Gruppen von Indianern. Die von Zivilisationseinflüssen weitgehend unberührten Maya- und Kekchi-Indianer sprechen ihre indianische Sprache; sie sind hauptsächlich aus dem Nachbarland Guatemala eingewandert und haben sich im Westen und Süden der Kolonie angesiedelt. Die Indianer des Nordens hingegen, die in der zweiten Hälfte des 19. Jahrhunderts aus Mexiko kamen, sind sowohl rassisch als auch sprachlich-kulturell weit stärker hispanisiert.

Die schwarzen Karibier, die im wesentlichen an der Ostküste als Fischer leben, haben eine originelle Vergangenheit. Sie sind Abkömmlinge von afrikanischen Negern, die als Sklaven nach Westindien gebracht wurden, aber ihren europäischen Herren entflohen und bei den indianischen Insel-Karibiern von Saint Vincent Zuflucht suchten, wobei sie nach und nach deren Sprache und Kultur annahmen. Ende des 18. Jahrhunderts wurden sie von den Engländern nach der Insel Toatan im Golf von Honduras deportiert, von wo aus sie die Küste des Festlandes besiedelten[7].

---

[6] 1958 siedelten sich 2000 Mennoniten, Angehörige einer im 18. Jahrhundert aus Westpreußen nach Rußland und von dort später nach Kanada und Mexiko vertriebenen pazifistischen Sekte, in Britisch-Honduras an. Die Regierung räumte ihnen einen speziellen Verwaltungsstatus ein (Befreiung von der Schulpflicht und vom Militärdienst). Sie leben auf eigenem Land, von dem Rest der Bevölkerung abgesondert. Für die Zwecke dieser Untersuchung wurden sie vernachlässigt, weil sich ihre Entwicklungsprobleme grundsätzlich von denen der einheimischen Landbevölkerung unterscheiden.

[7] Vgl. *Taylor*, The Black Caribs of British Honduras, 15.

§ 8 Das Beispiel: Britisch-Honduras, Wirtschaft und Bevölkerung 39

Rassengegensätze sind nicht sehr ausgeprägt in Britisch-Honduras, eine Tatsache, die sich nicht zuletzt in häufigen ehelichen Verbindungen zwischen Partnern verschiedener ethnischer Zugehörigkeit auswirkt[8]. Exakte Angaben über den relativen Anteil einzelner rassischer Gruppen an der Gesamtbevölkerung lassen sich schon deshalb nicht machen, weil die „Mischlinge" nicht eindeutig eingestuft werden können. Dennoch gehört die überwiegende Mehrheit der Bevölkerung zu einer zwar nicht „rassisch", aber doch kulturell definierbaren Gruppe. Die Sprache, die in der Familie gesprochen wird, ist hier ein sehr guter Indikator. Unabhängig von der „rassischen" Herkunft der Eltern z. B. bildet derjenige, der in einer karibischen Gemeinschaft aufgewachsen ist, ein Gefühl der Zusammengehörigkeit mit seiner Dorf- und Kulturgemeinschaft aus. Wie für die anderen Karibier, sind auch für ihn die Indianer und die Kreolen eine andere Klasse von Menschen, eine „outgroup".

Gerade wegen der kulturellen Mannigfaltigkeit der Bevölkerung ist Britisch-Honduras ein hervorragender Testfall für die Anwendbarkeit der im einführenden Teil entwickelten Hypothesen. Gelingt es, in einer Bevölkerungsumfrage alle ethnischen Gruppen hinreichend zu repräsentieren, dann erlauben die Ergebnisse nicht nur Schlüsse auf die Gesamtbevölkerung, sondern auch Vergleiche innerhalb der Kulturen. Bewährt sich eine Fragestellung bei allen den verschiedenen Kulturen, die in Britisch-Honduras nebeneinander leben, d. h. erbringt sie wichtige und vergleichbare Informationen, dann liegt die Vermutung nahe, daß sie sich auch auf andere Entwicklungsländer übertragen läßt.

Im Einklang mit den Folgerungen aus §§ 3 bis 5 wurde eine Bevölkerungsumfrage durchgeführt, die sich jedoch auf die Landbevölkerung, nämlich auf den Teil der Bevölkerung beschränkte, der am schwierigsten durch Entwicklungsanreize zu erreichen ist und bei dem die Widerstände gegen Neuerungen und Änderungen des Lebensstiles am stärksten sind.

Je eine möglichst „typische" Ansiedlung vertritt eine der aufgezählten ethnischen Gruppen[9].

San Felipe, das isolierte, und Yo Creek, das gut mit der Außenwelt verbundenen indianische Dorf stehen für den indianischen Anteil an der gesamten Landbevölkerung, das Fischerdorf Hopkins für die Karibier und Rockstone Pond, einige verstreute Anwesen im Norden von Belize, für die ländlichen Kreolen. Leider sind die Maya-Indianer nicht in der Stichprobe vertreten[10].

---
[8] Vgl. Land in British Honduras, 35.
[9] Schätzungen der zahlenmäßigen Stärke der einzelnen ethnischen Gruppen der Landbevölkerung finden sich im Kapitel „Technisches zur Erhebung" im Anhang.
[10] Einzelheiten zur Auswahl der Befragten finden sich im Kapitel „Technisches zur Erhebung" im Anhang.

§ 9 Die sozioökonomische Situation — Charakterisierung der untersuchten Dörfer[1,2]

San Felipe

Das Dorf San Felipe ist von 63 Familien bewohnt. Es hat etwa 400 Einwohner indianischer Abkunft.

Spanisch ist die vorherrschende Sprache. Sehr alte Leute mögen hin und wieder eine Unterhaltung auf Maya führen. Die Kinder lernen Englisch in der Schule und sprechen es dort ausschließlich. Am Ende ihrer Schulzeit sind sie praktisch zweisprachig. Die Schule besteht seit etwa 15 Jahren und ist seit etwa 10 Jahren mit staatlich ausgebildeten einheimischen Lehrern besetzt. Die meisten Personen bis zum Alter von 30 Jahren können lesen und schreiben, während unter den Älteren nur die Hälfte mit Buchstaben Kontakt hatte, aber meistens nur gerade genug, um ihre Unterschrift leisten zu können.

San Felipe ist sehr isoliert. Es hat kein Telefon, keine Polizei und keine Straßenverbindung, wenn man von einem Sommerweg absieht, der sich in einem beklagenswerten Zustand befindet und praktisch nur von Pferden und zeitweise von Traktoren benutzt werden kann.

Jedermann in San Felipe mit Ausnahme des Lehrers ist Bauer[3]. Es gibt einige saisonal begrenzte nicht-landwirtschaftliche Arbeitsmöglichkeiten: die Sammlung von Chicle, einem Rohstoff für Kaugummi, der Straßenbau, die Beschäftigung in einer Zuckerfabrik und in Sägemühlen. Jährlich 15 bis 20 Einwohner des Dorfes machen von einer dieser Möglichkeiten Gebrauch. Einige Personen, nämlich zwei Gemischtwarenhändler, ein Schuhmacher und ein Kleintischler, erwerben einen Teil ihres Lebensunterhaltes durch Dienstleistungen im Dorf.

Die Dorfgemeinschaft ist relativ unstrukturiert. Es gibt keinen Bürgermeister und keine ins Auge fallenden sozialen Unterschiede, die z. B. eheliche Verbindungen verbieten würden. Nur ein alter wohlhabender Bauer, dem zwei Drittel (175 Stück) des Rinderbestandes von San Felipe gehören, steht etwas außerhalb der Gemeinschaft. Die wirtschaftliche

---

[1] Die folgenden Ausführungen sind zum Verständnis der im zweiten Abschnitt dargestellten Analyse der Wirtschaftsmentalität der untersuchten Bevölkerung wichtig. Sie dienen insbesondere dazu, die Voraussetzungen zu präzisieren, unter denen die Ergebnisse der Analyse verallgemeinert werden können.

[2] Die Beschreibung basiert auf Beobachtungen und Daten, die in den Monaten Juli und August 1961 gesammelt wurden.

[3] Das Wort Bauer steht in dieser Arbeit für den in der amerikanischen Ethnologie definierten Begriff „peasant". Es bezeichnet einen Landwirt, der mit primitiven Methoden im wesentlichen für seinen eigenen Bedarf und nur in dem Maße für den Markt produziert, in dem er Produkte des täglichen Bedarfes wie Salz, Seife, Zucker usw. kaufen muß. Vgl. *Wolf*, Types of Latin American Peasantry, sowie *Redfield*, Peasant Society and Culture, und *Tumin*, Caste in a Peasant Society.

und soziale Struktur der Bevölkerung verhindert weitgehend Interessenkonflikte zwischen den Dorfbewohnern. Es gibt weder höhere Positionen im Gemeinschaftsleben noch kaufkräftigere Kunden, um die ein Wettbewerb entbrennen könnte. Erfolg kann nur wirtschaftlicher Erfolg sein, und das Vorwärtskommen des einen berührt die wirtschaftliche Lage des anderen wenig.

Wie äußert sich wirtschaftlicher Erfolg? Die Einwohnerschaft läßt sich in drei etwa gleichgroße Gruppen aufteilen:

Die Bauern, die der ersten Gruppe angehören, arbeiten nicht nur für sich selbst, sondern auch — gegen Geldlohn — für andere.

Die zweite, weniger gut situierte Gruppe besteht aus Landwirten, die nur für sich selbst arbeiten, ohne daß sie andere beschäftigen.

Die Angehörigen der dritten Gruppe sind wohlhabend genug, die Dienste anderer Dorfbewohner für die Bebauung ihrer Milpa in Anspruch zu nehmen.

Einige Monate nach der Ernte ist den Angehörigen des armen Drittels das Geld ausgegangen, um Zucker, Petroleum und Salz zu kaufen. Sie haben auch nicht genügend Mais über ihren Selbstversorgungsbedarf hinaus geerntet, um sich durch Verkauf Geld zu beschaffen. Sie brauchen sofort Geld. So sind sie gezwungen, für andere zu arbeiten und dabei das gleiche für andere zu tun, was sie sonst für sich selbst tun würden, nämlich den Urwald zu schlagen. Sie können daher zur Erntezeit weniger für sich selbst ernten, so daß sich ihre Schwierigkeiten im ersten Jahr im folgenden Jahr fortsetzen. Das gilt um so mehr, als infolge der Abneigung der wohlhabenderen Bauern, andere zu beschäftigen, die Löhne erschreckend niedrig sind. Im Gegensatz hierzu sind Gewinne aus der Beschäftigung von anderen Dorfbewohnern unmäßig hoch.

Die Einteilung nach der Arbeitnehmer- oder Arbeitgebereigenschaft ist keineswegs unveränderlich. Jemand, der sehr fleißig und sparsam ist, mag seinen Weg vom Arbeitnehmer zum Arbeitgeber innerhalb von 5—10 Jahren machen, besonders, wenn er jung ist und nicht zu viele Kinder hat. Der Abstieg vollzieht sich sogar noch schneller. Wenn ein Familienangehöriger eines Bauern, der einige Stück Rinder und 15 ha Land hat, krank wird, so wird er die Rinder und womöglich den Mais für seinen Hausbedarf unter Umständen verkaufen müssen. Das kann ihn leicht in kurzer Zeit aller Reserven berauben und kann ihn zwingen, auf der „Milpa"[4] anderer Dorfbewohner für seine nackte Existenz zu arbeiten.

Diese Gruppierung nach der wirtschaftlichen Situation hat nur wenig Einfluß auf den sozialen Status des einzelnen Bauern. Da es keinerlei

---
[4] Vgl. § 8, 1. Abschnitt.

besondere Qualifikation erfordert, andere zu beschäftigen und da jeder Arbeitgeber werden kann, wenn er nur den nötigen finanziellen Atem hat, ist mit der Arbeitgeberfunktion keine besondere Autorität verbunden.

Für diejenigen, die etwas Geld übrig haben, gibt es zwei gleichermaßen lukrative Investitionsmöglichkeiten: Rinder und Ackerbau. Rinderzucht ist kaum mit zusätzlicher Arbeit verbunden. In den letzten Jahren sind die Preise für Vieh ständig gestiegen, besonders als Konsequenz der Ankunft der Mennoniten in einer benachbarten Siedlung, die sich durch Viehkauf von den Einheimischen eine Grundlage für die Rinderzucht zu schaffen versuchen. Hurrikanschäden und Transportschwierigkeiten für Mais, Reis und Bohnen haben auf der anderen Seite gezeigt, welch großes Risiko mit der Erzeugung von Ackerbauprodukten verbunden ist, besonders wenn diese verkauft werden sollen und nicht für die Selbstversorgung benötigt werden. Dennoch bietet der Ackerbau viel bessere Gewinnmöglichkeiten als die Viehzucht. Im Gegensatz zur längerfristigen Rinderhaltung bindet die Investition im Ackerbau das eingesetzte Kapital nur für die Zeit vom Niederhauen des Urwaldes im Januar — die Arbeit, für die man häufig fremde Dienste heuert und die weitaus am schwersten ist — bis zur Ernte im Oktober. Rinderzucht ist jedoch bei weitem das beliebteste Investitionsobjekt, vor allem wohl deshalb, weil Rinder ein wichtiger Statusindikator sind.

Ackerland für Milpa kann als freies Gut betrachtet werden, obwohl die Belize Estate Company[5] Eigentümerin des Urwaldes um San Felipe ist. Es ist ein offenes Geheimnis, daß die Belize Estate nur einen Bruchteil der vereinbarten Pachtzahlungen erhält, weil jeder Bauer nur einen kleinen Teil der Fläche, die er kultiviert, deklariert. Daher entstehen keine zusätzlichen Kosten für jemanden, der seine Milpa vergrößert.

Jedermann ist berechtigt, jedes Stück Land vorübergehend in Besitz zu nehmen und zu bebauen. Ein einfacher Mechanismus verhindert Dispute über einzelne Böden. Das Land, das dem Dorf am nächsten liegt, wird öfter, d. h. jedes vierte oder fünfte Jahr bebaut und ist daher stärker erschöpft, während die weiter entfernt liegenden Böden seltener benutzt werden und daher reicher sind. Jedes Jahr vor dem Abholzen des Urwaldes hat der Bauer die Wahl zwischen näheren, dabei relativ sterilen, und weiteren, dabei relativ fruchtbaren Böden. Diese Auswahl wird so sorgfältig vorgenommen, daß die Vor- und Nachteile beider alternativen Extreme und aller Möglichkeiten dazwischen sich ausgleichen.

Das Hauptprodukt Mais dient sowohl als Viehfutter als auch als Hauptnahrungsmittel, letzteres besonders in Form von Tortillas. Auch

---

[5] Vgl. § 8, Fußnote 5.

§ 9 Die sozioökonomische Situation 43

der größte Teil des Bedarfs an Reis und Bohnen wird durch eigene Ernte gedeckt.

Der durchschnittliche Landwirt von San Felipe bebaut jährlich etwa 2,5 ha. In den letzten Jahren setzte es sich mehr und mehr durch, andere Produkte (Papaya, Ananas, Kartoffeln, Gemüse usw.) zwischen den Mais zu pflanzen. Dadurch konnte die Ernte pro Hektar und Arbeitsstunde wesentlich gesteigert werden, weil der Hauptarbeitsaufwand im Abholzen und Niederbrennen des Urwaldes besteht.

Der Lebensstandard in San Felipe ist niedrig, aber keineswegs vergleichbar mit dem solcher unterentwickelten Länder, in denen der Hungertod umgeht. In San Felipe braucht niemand zu hungern; abgesehen von Jahren nach einer Mißernte wird die Grundnahrung, Tortillas, Reis und schwarze Bohnen, ohne Einschränkung zu den Mahlzeiten gereicht. Dennoch ist ein großer Teil der Bevölkerung infolge der Vitaminarmut der Nahrung unterernährt. Dieser Mangel könnte leicht durch den Verbrauch von Frischmilch behoben werden, was in einem Dorf, wo eine Kuh auf je vier Einwohner kommt, leicht möglich wäre. Da jedoch Frischmilch nicht als schmackhaft gilt, werden die Kühe nicht gemolken. Statt dessen werden die schmalen Haushaltsbudgets durch den Kauf von englischer Büchsenmilch strapaziert.

Auch wenn man einen Blick auf die im Dorf vorhandenen dauerhaften Konsumgüter wirft, erweist sich San Felipe nicht als besonders arm. Es gibt etwa 15 Batterieradios, etwa 10 Wecker, 10 Fahrräder und sogar 10 Nähmaschinen. Sonntags tragen die Frauen selbstgeschneiderte Sommerkleider aus importiertem Baumwollstoff.

San Felipe befindet sich seit 10 Jahren in einer Periode rapider Veränderungen. Etwa im Gleichschritt mit der Einwohnerzahl des ganzen Landes ist auch die Bevölkerung von San Felipe in den letzten 10 Jahren um etwa 50 % gewachsen. Die Kinder beherrschen weitgehend das Dorfbild. Sie werden seit kurzem in einem solide gebauten Schulhaus von einem gut ausgebildeten Lehrer unterrichtet, Veränderungen, deren revolutionierende Wirkung auf das Bewußtsein der Bevölkerung im nächsten Kapitel erörtert wird.

Ferner haben sich in den letzten 10 Jahren Ansätze einer Gemeindeselbstverwaltung herausgebildet. Mit Unterstützung der Regierung wurde ein Gemeinderat gegründet, der als Forum der aktiveren, fortschrittlicheren Bauern zur Erörterung von Gemeinschaftsangelegenheiten dient. Die Gründung einer Kreditgenossenschaft und die Anschaffung eines Traktors auf genossenschaftlicher Basis sind geplant.

Yo Creek

Auch Yo Creek, ein Dorf etwa der gleichen Größe wie San Felipe, ist von überwiegend spanisch-sprechenden Maya-Indianern bewohnt.

Die dennoch sehr auffälligen Unterschiede zwischen beiden Gemeinden — dem „reichen" und dem armen Indianerdorf — sind im wesentlichen auf den verschiedenen Grad der Abgeschiedenheit zurückzuführen. Yo Creek ist nur eine halbe Stunde zu Fuß von der Kreisstadt entfernt, und eine relativ gute, auch für Autos passierbare Straße verbindet es mit der Außenwelt.

Die Schule von Yo Creek ist von großer Bedeutung für das Gemeinschaftsleben. Die Lehrer, die alle aus dem Dorf stammen, erfreuen sich eines hohen Ansehens. Viele Kinder aus dem Dorf gehen zur Oberschule oder sind bereits Dorfsschullehrer; die Kinder sind stolz, wenn sie zur Höheren Schule zugelassen werden, und viele Eltern bringen große Opfer, um ihren Kindern die höhere Schulausbildung zu ermöglichen. Es ist offensichtlich, daß Yo Creek seinen Teil zur Heranbildung einer indianischen intellektuellen Elite beizutragen im Begriff ist. Ein besonders eindrucksvolles Beispiel für den fortschrittlichen Geist des Dorfes ist der Sohn eines Bauern, der den Landkreis im Parlament in Belize vertritt.

Das Ackerland von Yo Creek ist überwiegend von niedrigerer Qualität als das von San Felipe. Ein unschätzbarer Vorteil besteht jedoch darin, daß es sich im Besitz der Regierung befindet. Diese verlangt keine Pachtzahlungen und bietet den Bauern billiges Land auf Abzahlungsbasis zum Erwerb an. Sie hofft, durch die Förderung des Landeigentums das unergiebige Milpa-System eindämmen und die Bauern nach und nach von den Vorteilen der ständigen Bewirtschaftung der gleichen, völlig gerodeten Fläche überzeugen zu können.

Welche anderen Faktoren wirken sich positiv auf den Wohlstand von Yo Creek aus? Erstens genießt das Dorf alle Vorteile einer guten Verkehrsverbindung. Die Preise für die notwendigen Konsumartikel sind niedriger, die Verkaufspreise für landwirtschaftliche Produkte höher; der Transport der hereinkommenden wie auch der herausgehenden Güter erfordert weniger Zeit, Anstrengung und Pferdestunden als in San Felipe. Zweitens gibt es in Yo Creek kleinere und größere Obstplantagen. Fast jeder Bauer hat einige Apfelsinen-, Pampelmusen-, Zitronen-, Mangobäume und Kokospalmen, Anlagen, die einen gewissen Wert repräsentieren und eine Planung auf mehrere Jahre hinaus voraussetzen. Auch kurzfristiger kultivierbare Früchte werden angebaut: Wassermelonen, Ananas, Yam, Tomaten, Kohl und Chile. Viele Bauern erzeugen Zuckerrohr. Den größeren Teil ihres Geldeinkommens erzielen die Bauern durch den Verkauf von Obst, Gemüse und Zuckerrohr, von Produkten also, deren Absatz von einer guten Verkehrsverbindung mit den Absatzmärkten abhängt. In Yo Creek wurde das traditionelle Milpa-System bereits teilweise durch die ständige Bebauung gerodeten Landes ersetzt. Dieser Erfolg ist nicht zuletzt auch der Ermutigung, der Beratung und der finanziellen Hilfe der Regierung zu verdanken.

Dank der Energie und Überzeugungskraft einiger jüngerer Dorfbewohner hat Yo Creek eine gut funktionierende informelle Selbstverwaltung. Es gibt einen Gemeinderat und eine Kreditgenossenschaft. Der Bau eines Gemeindehauses ist geplant.

Hopkins

Hopkins ist ein von Karibiern[6] bewohntes Fischerdorf von etwa 700 Einwohnern. Es liegt an der Küste des Golfes von Mexiko und hat keine Straßenverbindung mit der Außenwelt. Die Gemeinde hat noch niemals ein Landfahrzeug gesehen. Es gibt zwei Verbindungswege: man kann entweder mit dem Boot an der Küste entlang bis zur nächsten Kleinstadt segeln oder mit einem Kanu durch eine Lagune rudern, und von dort zu Fuß die Stadt erreichen.

Obwohl die Karibier zu Hause die karibische Sprache gebrauchen, beherrschen etwa 80 % von ihnen das Englische erstaunlich gut. Das liegt zum Teil an der Schulerziehung, die schon vor 20 Jahren eingeführt wurde, zum Teil auch daran, daß Religionsunterricht und Gottesdienst seit jeher auf englisch abgehalten werden.

Die wirtschaftliche Situation von Hopkins, obwohl typisch für die Karibier in Britisch-Honduras, unterscheidet sich deshalb grundlegend von der der anderen untersuchten Dörfer, weil die Fischerei eine wichtige Einkommensquelle darstellt. Fast jeder Erwachsene, ob männlich oder weiblich, fährt aufs Meer hinaus, um zu fischen. Einige benutzen ein einfaches Kanu und können sich nur in drei Meilen Umkreis um das Dorf herum bewegen, andere (etwa 10 %) haben ein Segelboot, das es ihnen ermöglicht, reiche Fänge 10 bis 20 km vor der Küste zu machen.

Die Einwohner von Hopkins verdienen ihr Geld mit dem Verkauf von Fisch. Landwirtschaftliche Produkte werden kaum noch außerhalb verkauft. Es wird gerade genug geerntet, um den Eigenbedarf zu decken. Der „Export" von Fisch dagegen blüht, besonders, seitdem kürzlich ein neuer, lukrativer Markt in der Republik Honduras erschlossen wurde. Die Tatsache, daß das Dorf Selbstversorger in bezug auf die Grundnahrungsmittel ist, bedeutet nicht, daß sich nicht innerhalb des Dorfes eine Arbeitsteilung zwischen Fischern und Bauern durchgesetzt hätte. Die Fischer müssen von den anderen Dorfbewohnern, die sich auf Landwirtschaft spezialisieren und nur gelegentlich fischen, Mais und Bohnen kaufen.

Wegen seiner leichten Verderblichkeit wird Fisch — im Gegensatz zu den haltbaren landwirtschaftlichen Grundprodukten — laufend

---
[6] Vgl. die kurze Beschreibung der Karibier in § 8, zweiter Abschnitt.

innerhalb des Dorfes gehandelt. Ein Fischer mit seiner Familie kann kaum das normale Fangergebnis eines Tages verbrauchen. Er muß einen Teil an andere Dorfbewohner verkaufen. Am nächsten Tag, wenn er vielleicht auf der Milpa arbeitet, kauft seine Frau bei einem anderen Fischer, möglicherweise sogar bei dem, der ihm gestern einen Teil seines Fanges abgenommen hatte. Käufe werden immer bar bezahlt, die Preise sind stabil und reagieren nicht auf die Schwankungen von Angebot und Nachfrage.

Die mangelnde Haltbarkeit der Produkte intensiviert in diesem Falle die Geldwirtschaft innerhalb des Dorfes. In Dörfern mit nur landwirtschaftlicher Produktion brauchen die Einwohner nur so viel von ihrer Ernte zu verkaufen, wie zur Befriedigung des Bedarfes an den ergänzenden Importprodukten — Tee, Petroleum, Seife usw. — nötig ist. Bei den Fischern von Hopkins dagegen verwandelt sich der Hauptteil des Fangergebnisses täglich in Geld, um vielleicht am nächsten Tage schon wieder zur Deckung des Bedarfes an dem Grundnahrungsmittel Fisch ausgegeben zu werden. Daher fließt ihnen ein relativ hoher Anteil ihres Gesamteinkommens in Form von Geld und ein entsprechend niedriger in Form von Naturaleinkommen zu.

In Hopkins gibt es keine Arbeitgeber. Die Knappheit von Ackerland verhindert die wohlhabenderen Dorfbewohner, andere zur Vergrößerung ihrer Milpa anzustellen. Andererseits erfordert die Fischerei keinen besonderen Wohlstand, nur ein wenig Kapital; jeder besitzt ein einfaches Kanu. Im Gegensatz zu San Felipe, wo die Ärmsten für andere arbeiten müssen, um zu existieren, können die Armen in Hopkins jederzeit selbständig fischen und über den Ertrag ihrer Arbeit sofort und unmittelbar verfügen. Es gibt keine Zeitdifferenz zwischen Arbeit und Ernte. Ungleich San Felipe ist daher in Hopkins kein „Kapitalist" notwendig, der diese Lücke überbrücken müßte.

Fast die Hälfte der Männer von Hopkins arbeitet einen Teil des Jahres außerhalb des Dorfes, vor allem in der Zitrus-Industrie der nahegelegenen Kreisstadt und im Straßenbau. Nur etwa die Hälfte der Konsumgüter, die nach Hopkins „importiert" und hier verkauft werden, wird durch Erlöse aus dem Fischverkauf nach außerhalb bezahlt, die andere Hälfte dagegen durch die in das Dorf zurückgebrachten Arbeitsverdienste der Saisonarbeiter. Hopkins scheint sich auf dem Wege zu einer reinen Wohngemeinde zu befinden, in der die Landwirtschafts- und Fischproduktion an Bedeutung mehr und mehr zurücktritt.

Eine Gemeindeorganisation ist hier stärker ausgeprägt als in den beiden bisher beschriebenen Dörfern. Hopkins hat nicht nur einen funktionierenden Gemeinderat, sondern auch einen Bürgermeister mit Stellvertreter. Persönliches Ansehen scheint eng mit der Stellung in der formellen Verwaltungshierarchie verbunden zu sein. Die Dorfgemeinschaft und ihre Förderung ist ein oft geäußertes Anliegen aller Dorfbewohner. Ein Gemeindehaus, ein Gästehaus, eine Bücherei, ein zweistöckiges Gebäude, das die Kirche und die Schule beherbergt, und — zwei Neuerungen von hygienischer Bedeutung — ein allgemein zugänglicher Tank für Regenwasser sowie in das Meer hineingebaute öffentliche Latrinen sind Zeugen für die Aktivität der Gemeindeselbstverwaltung. Die Bildung der unabhängigen Glaubensgemeinschaft „Assembly of God" sowie einer christlich orientierten Gewerkschaft und einer Kreditgenossenschaft, die über die Hälfte der Männer zu ihren Mitgliedern zählt, deutet darauf hin, daß die Einwohner von Hopkins unternehmende Menschen sind, Menschen, die nicht auf die Veränderungen warten, sondern willens sind, ihren Teil zu einer Verbesserung von sich aus beizutragen.

Rockstone Pond

Es gibt in Britisch-Honduras kaum Kreolen-*Dörfer*. Die ländlichen Kreolen leben verstreut — sie haben sich einzeln an Straßen und Flüssen angesiedelt, oder sie leben in Gemeinden, die vorwiegend aus Angehörigen anderer Bevölkerungsgruppen bestehen. Für diese Untersuchung wurde eine Gruppe in der Nähe einer Landstraße im Norden von Belize gewählt. Diese Gruppe zerfällt in drei Teile: Lucky Strike, einige Gehöfte, die sich an der Landstraße Belize — Corozal entlangziehen; Nago Bank, eine kleine Siedlung an einem Fluß, ohne Straßenverbindung; Rockstone Pond, eine zerstreute Gruppe in der Nähe einer Nebenstraße.

In einer Beziehung unterscheiden sich die untersuchten Kreolen deutlich von den Bewohnern der anderen Dörfer. Sehr wenige wurden an dem Ort geboren, an dem sie jetzt siedeln, und sehr wenige hatten *nicht* die Möglichkeit, in der Stadt zu leben. Die meisten, besonders die älteren kreolischen Bauern, sind vielmehr in Belize aufgewachsen und haben das Landleben freiwillig gewählt.

Praktisch alle in das Sample fallenden Bauern sprechen in ihren Häusern Creo-Englisch. Auch das indianische Element ist jedoch vertreten. Viele Kreolen haben spanische Namen, und viele sind zweisprachig. Die Schule wurde schon 1938 gegründet. Infolge des starken Kontaktes mit der Stadt ist der Anteil der des Lesens und Schreibens Kundigen höher als in den anderen untersuchten Dörfern.

Obwohl die meisten untersuchten Kreolen kaum Verkehrsschwierigkeiten haben — eine gute Straße zur Hauptstadt führt an der Haustür vorbei — sind die Absatzsschwierigkeiten für Obst und Gemüse unüberwindlich. Zwei Drittel der Bauern berichten, daß regelmäßig ein Großteil ihrer Produkte auf dem Feld oder an den Bäumen verderben muß.

Obstplantagen sind verbreitet, nicht zuletzt auch als Folge der guten und leicht zugänglichen Instruktion durch die Regierung und der Tatsache, daß die meisten Bauern selbst Eigentümer des Bodens sind. Dennoch herrscht noch immer das Milpa-System bei der Produktion von Mais, Reis und Bohnen vor.

Es gibt kaum eine Gemeindeorganisation in irgendeiner dieser kleinen Siedlungen. Da jeder im wesentlichen für sich allein wohnt und die Kontakte zwischen etwas entfernter Wohnenden selten sind, gibt es auch keinen Gemeinschaftsgeist.

Zusammenfassung und Vergleich

Die Beschreibung der vier für die Untersuchung gewählten Siedlungen läßt Gemeinsamkeiten und Verschiedenheiten erkennen. Gemeinsam ist allen vier analysierten Gruppen ein gut ausgebildetes Schulsystem, die Erreichbarkeit für Information und Propaganda durch das Radio und die Eingliederung in die Geldwirtschaft. Diese wesentlichen Neuerungen sind freilich durchweg kaum von Änderungen der landwirtschaftlichen Produktionstechnik begleitet.

Unterschiede allerdings bestehen in dem Grade, in dem Geld für das Funktionieren der dörflichen Wirtschaft benötigt wird. Als guter Indikator für das Geldeinkommen können die durchschnittlichen wöchentlichen Haushaltsausgaben angesehen werden, da Investitionsaufwand demgegenüber kaum ins Gewicht fällt.

Tabelle 1

Alle Befragten mit eigenem Haushalt

Frage 28: „Wieviel Geld geben Sie im allgemeinen in der Woche aus, um Gegenstände für den Haushalt, Nahrungsmittel usw. zu kaufen?"

	Wöchentliche Ausgaben			
	weniger als 10 BH-$	10 BH-$ oder mehr	weiß nicht	Basis
	%	%	%	
Alle Dörfer	66	32	2	100 %	157
San Felipe	81	17	2	100 %	42
Yo Creek	75	22	3	100 %	32
Hopkins	38	62	—	100 %	34
Rockstone Pond ..	65	33	2	100 %	49

Die erstaunlich hohen Haushaltsausgaben von Hopkins sind keineswegs auf einen besonders hohen Lebensstandard, sondern auf die spezielle wirtschaftliche Struktur dieses Dorfes zurückzuführen. Das Hauptprodukt Fisch kann nicht gelagert werden, sondern muß von dem Fischer sofort nach dem Fang an andere verkauft werden. Mit dem Erlös kauft er dann seinerseits einige Tage später einen Teil des Fanges eines anderen Dorfbewohners. Zum anderen erwerben viele Einwohner von Hopkins den größeren Teil des Geldeinkommens durch Arbeit außerhalb des Dorfes. Während der Zeit des Jahres, die sie im Dorf verbringen, müssen sie viel mehr für ihren Lebensunterhalt ausgeben als diejenigen, die das ganze Jahr hindurch ihre Milpa bewirtschaften und dadurch mehr Naturaleinkommen beziehen.

Diese ständige Möglichkeit für jeden, auch den ärmsten Bewohner von Hopkins, Fisch zu fangen und zu verkaufen, steht im Gegensatz zu dem für die ganz Mittellosen in anderen Dörfern bestehenden Zwang, auf der Milpa anderer zu arbeiten, um sich Mittel für den sofortigen Lebensunterhalt zu beschaffen. Die Zeitdifferenz zwischen Arbeit und Ernte macht im letzteren Fall eine Überbrückung durch einen „Kapitalisten" erforderlich. Die wohlhabenderen Bauern, die diese Funktion übernehmen, haben weder Eigentum an den Produktionsmitteln — bei der Milpa-Technik steht die vorübergehende Inbesitznahme von Land jedermann offen — noch brauchen sie besondere Qualifikationen — die traditionellen Ackerbautechniken sind allen Bauern bekannt.

Da die wohlhabenderen Bauern trotz guter Gewinnchancen wenig Neigung zur Beschäftigung anderer haben, sind die Löhne im Verhältnis zur Arbeitsproduktivität niedrig. Der Lohnarbeiter gerät dadurch in den Teufelskreis: Notwendigkeit, fast ausschließlich für andere zu arbeiten — Vernachlässigung der eigenen Milpa — geringe eigene Ernte am Jahresende — Notwendigkeit zur Fremdarbeit. Das Ausbrechen aus diesem Teufelskreis erfordert viel Fleiß, Zeit und Geduld. Grundsätzlich steht es jedoch jedermann offen, und die bestehenden Unterschiede des wirtschaftlichen Status sind nicht durch soziale Schranken untermauert.

Es bestehen deutliche Wohlstandsunterschiede zwischen den Dörfern, Unterschiede, die im wesentlichen den Grad der Isolation der Siedlungen widerspiegeln. Gewiß, jede der untersuchten Gruppen enthält eine von 10 bis 30 % schwankende Minderheit, die sich eines verhältnismäßig hohen Lebensstandards erfreut. Ein solcher Wohlstand äußert sich in reichhaltiger Kost, in dem Besitz von trockenen und gut geschützten Häusern, von Radio und Nähmaschinen, vielleicht sogar in Geld- und Naturalreserven für Notfälle. Ebenso ist der arme Bauer, der ausschließlich von Reis und Bohnen leben muß, in allen Gruppen vertreten. Wohlstandsunterschiede zwischen den Dörfern manifestieren sich indessen in dem verschiedenen Anteil der reicheren und ärmeren Bauern an der Gesamtbevölkerung.

Die Grundlagen der Untersuchung

Tabelle 2

Alle Befragten

Radio und Wecker sind am häufigsten in Yo Creek und Rockstone Pond

Frage 2: „Hier sind einige Gegenstände für den Haushalt (Interviewer überreicht Bildkarten). Würden Sie mir bitte die Bilder der Gegenstände geben, die Sie in Ihrem Haushalt haben?"

	Vorhanden im Haushalt		
	Wecker	Batterie-Radio	Basis
	%	%	
Alle Dörfer	32	38	180
San Felipe	15	22	46
Yo Creek	59	65	46
Hopkins	17	17	36
Rockstone Pond	35	42	52

Ein recht guter Indikator des Wohlstandes ist die Häufigkeit des Besitzes von Batterieradio und Wecker, der typischsten Symbole städtisch geprägter Lebensart. Yo Creek und die kreolische Siedlung erweisen sich hier als relativ wohlhabend, San Felipe und Hopkins als arm. Tabelle 1 im Anhang gibt eine Zusammenfassung der wirtschaftlichen Hauptprobleme in den entsprechenden Ortschaften, wie sie von den Befragten gesehen werden. In San Felipe gibt es zwei alles überschattende Sorgen: die Kurzfristigkeit der Landpacht verhindert jede Verbesserung des Bodens und der landwirtschaftlichen Technik und die Isolierung, die schlechte Straßenverbindung, erschwert den Güteraustausch. Yo Creek hat andere Probleme. Die Schwierigkeit, Arbeit zu bekommen, beunruhigt etwa ein Drittel der Befragten. Auch in Hopkins ist der Mangel an Arbeitsgelegenheiten bei weitem die größte Sorge. Trotz des hohen Prozentsatzes von Leuten, die außerhalb des Dorfes beschäftigt sind, bezeichnet die Hälfte der Befragten bessere Beschäftigungsmöglichkeiten als Voraussetzung für einen Fortschritt, ein Ergebnis, das um so überzeugender die Abhängigkeit dieses Dorfes von auswärtigen Arbeitsmöglichkeiten unterstreicht, als es auf offen formulierten Fragen, d. h. auf spontanen Meinungsäußerungen beruht.

In der kreolischen Siedlung jedoch überwiegen bei weitem die Marktprobleme; 44 % der Befragten beklagen sich über Schwierigkeiten, ihre Produkte zu verkaufen. Die Situation ist für die kreolischen Bauern besonders deshalb so enttäuschend, weil sie auf Betreiben der Regierung hin Land erworben und Obstplantagen errichtet hatten. Aber mit Marktschwierigkeiten zu kämpfen haben gerade die Produkte, die von der Regierung empfohlen waren: Bananen, Orangen, Zuckerrohr. Auch für

Yo Creek, das Dorf, das sich voller Zuversicht anschickt, in größerem Umfang Obst und Gemüse auf den Markt zu bringen, ist der Ausblick nicht hoffnungsvoller. Es ist eine traurige und auf dem Gebiet der wirtschaftlichen Entwicklung keineswegs seltene Erfahrung, daß die Lösung der dringendsten Probleme — im Falle von Rockstone Pond und Yo Creek das Landeigentum und die Verkehrsverbindungen — die Situation nicht wesentlich verbessert, sondern nur die Aufmerksamkeit auf andere, gleich schwierige, aber vorher verborgene Probleme lenkt. Im nächsten Abschnitt werden wir feststellen, daß, während in allen anderen Dörfern eine große Mehrheit der Bevölkerung hoffnungsvoll in die Zukunft blickt, gerade in der wirtschaftlich relativ gut fundierten Kreolensiedlung ausgesprochene Resignation herrscht. Optimistisch zu sein ist leichter in einem isolierten Dorf — jedermann weiß, daß die Herstellung guter Verkehrsverbindungen nur eine Frage der Zeit ist — als in einem Dorf mit guten Transportmöglichkeiten, das in voller Zuversicht investiert hatte, aber die Früchte seines Fleißes zum großen Teil nicht ernten kann: es besteht keine unmittelbare Aussicht auf eine Verbesserung der Absatzsituation.

Zweiter Abschnitt

Die Wirtschaftsmentalität der Landbevölkerung eines Entwicklungslandes — eine Fallstudie

§ 10 Bewußtseinswandel

Im ersten Teil dieser Arbeit war der Begriff Bewußtseinswandel für die Bevölkerung von Entwicklungsländern kurz umrissen worden. Bewußtseinswandel, wie er hier verstanden wird, ist das Einreißen der Vorstellung von der Unveränderlichkeit der bestehenden Lebensumstände, die Auflösung traditioneller Bindungen und die Erweiterung des Freiheitsparamters der individuellen Handlungsweise. Die Aufweichung der traditionellen Kultur durch Kontakte mit industriellen Gesellschaften und durch das Erwachen des Nationalbewußtseins läßt die Frage nach der Motivation des wirtschaftlichen Verhaltens aktuell werden.

Wie pflegt sich dieser Bewußtseinswandel zu äußern? Zunächst einmal darin, daß der „long-run fatalism" (Rostow) der traditionellen Gesellschaft von einer Grundhaltung ersetzt wird, die durch größere Ansprüche an das Leben, durch ein Zurücktreten der Forderungen der Religion und der Gemeinschaft an das Individuum charakterisiert wird. In der Situation von Britisch-Honduras, wo sich die Produktionsmethoden noch kaum verändert haben, würde Unzufriedenheit mit der gegenwärtigen materiellen Lage auf solche Ansprüche hinweisen. Weiterhin würde Optimismus gegenüber der wirtschaftlichen Zukunft des Dorfes bereits auf einen Wunsch nach möglichen oder gar notwendigen Veränderungen hindeuten. Nationalgefühl und Ansprüche an die Fürsorgetätigkeit des Nationalstaates wären ein Indiz für die Auflösung der Autonomie der dörflichen Wirtschafts- und Sozialstruktur, für das Bewußtsein, in eine größere geographische und wirtschaftliche Einheit eingegliedert zu sein.

Unzufriedenheit mit der Gegenwart

Der Beobachter der Landbevölkerung von Britisch-Honduras wird unmittelbar überrascht von der Spontaneität und Einstimmigkeit, mit der alle Auskunftspersonen ihre Unzufriedenheit mit der gegenwärtigen Situation und die Notwendigkeit einer Veränderung betonen. „Wir sind die armen Bauern", „solange, wie die Regierung nichts tut, wird sich auch nichts ändern", „niemand ist zufrieden, aber niemand weiß, was er tun soll", „wir möchten für den Markt produzieren und nicht nur für unsere Selbstversorgung", das waren die gängigen Ausdrucksformen dieser Unzufriedenheit. Die Minderheit, die sich auf die Frage: „Glauben Sie, die Leute hier im Dorf sind im allgemeinen zufrieden mit ihrem Leben, oder wollen sie eine Änderung?" für die erste Alternative entschied, war so verschwindend klein, daß die Antwort auf die Frage nach einer Weile nicht mehr notiert wurde; der Interviewer vermerkte nur noch die in der Folgefrage ermittelten Gründe für die Unzufriedenheit auf dem Fragebogen.

Kaum jemand war zufrieden, und die Klage „wir sind arm" erwies sich als stereotyp. Die Überzeugung, mit der die eigene Armut verkündet wird, ist eindeutig die Folge der wachsenden Information über den relativen Wohlstand des Mannes auf der Straße in den Industrieländern. Die Lebensweise, die in den Werbeseiten der als Kostbarkeit betrachteten Zeitschrift „Life" beschrieben ist, ist das Mekka. Man fühlt sich als Stiefkind einer weltweiten Zivilisation, von der man ohne eigene Schuld ausgeschlossen ist[1].

Hochgespannte Zukunftserwartungen

Nun ist jedoch jeder Akkulturationsprozeß, wie Firth gezeigt hat[2], beim Individuum auf zwei Ebenen nachzuweisen: der Ebene der Ideen, der moralischen Wertungen („what people think ought to happen"), und der Ebene der Wahrnehmung der Situation und des Geschehens („what they think happens")[3]. Was das erste Kriterium für den Bewußtseinswandel anbelangt, so sahen wir, daß die Bauern von Britisch-Honduras unzufrieden mit ihrer gegenwärtigen Situation sind, daß sie Veränderungen für notwendig halten. Es ist nun zu prüfen, ob das zweite Kriterium, die Wahrnehmung von Veränderungen zum Besseren oder wenigstens die Zuversicht, daß Veränderungen zum Besseren bevorstehen, auf die untersuchte Bevölkerung zutrifft. Unzufriedenheit allein genügt keineswegs, eine Atmosphäre für eine Änderung des Verhaltens zu schaffen. Im Gegenteil ist Unzufriedenheit oft das Ergebnis einer Serie von Fehlschlägen, die eine Gesellschaft so entmutigt, daß sie nicht mehr versucht, ihre wirtschaftliche Lage zu verbessern[4].

Findet sich solche Resignation auch unter der untersuchten Bevölkerung, oder ist man sich vielmehr bewußt, in einer Zeit rapider Veränderungen zu leben?

---
[1] Vgl. die ähnlichen Beobachtungen von *Vanstone*, James, W., Point Hope. An Eskimo Village in Transition, 138.
[2] *Firth*, Social Cange in Tikopia.
[3] *Beattie*, Culture Contact and Social Change, 171.
[4] *Linton*, Cultural and Personality Factors Affecting Economic Growth, 76.

Tabelle 3

Alle Befragten

Nur wenig mehr als ein Drittel der Befragten nahm eine positive Veränderung wahr

Frage 11: „Was hat sich hier im Dorf seit etwa 10 Jahren verbessert?"

	nahm eine Verbesserung wahr %	nahm keine Verbesserung wahr a) %	nicht ermittelt %		Basis
Alle Dörfer	38	59	3	100 %	180
San Felipe	44	54	2	100 %	46
Yo Creek	52	46	2	100 %	46
Hopkins	39	58	3	100 %	36
Rockstone Pond	19	75	6	100 %	52

a) Hier wurden nur kritische Antworten eingestuft (die häufigste Antwort „nichts" war meist mit kritischem Unterton versehen)

Fast 50 % der Befragten beantworteten die Frage nach positiven Veränderungen in den letzten 10 Jahren in einer kritischen Weise, wobei die meisten von ihnen vorwurfsvoll äußerten, „nichts" hätte sich geändert.

Wie wir im vorigen Abschnitt gesehen haben, ist diese Beurteilung falsch. In jeder der untersuchten Ansiedlungen haben sich die Lebensbedingungen innerhalb dieses Zeitraumes stark verändert. Die Schaffung von hygienischen Einrichtungen, Erhöhungen der Preise für landwirtschaftliche Produkte, die Ausbreitung von Industrieerzeugnissen, Verbesserungen der Verkehrsverhältnisse, Auf- und Ausbau der Schulen, die Popularisierung neuer landwirtschaftlicher Produkte, die mit relativ geringem Aufwand zu erzeugen sind und den kargen Speisezettel der Bauern bereichern: sehr viel hat sich geändert, und es gibt kaum jemanden, der nicht etwas besser genährt und gekleidet wäre, der nicht sicherer sein könnte, daß ihm der Staat in einer Notlage beispringen wird. Diese auffällige Unwissenheit über die positiven Veränderungen wird durch die wohlbekannte menschliche Eigenschaft, die Vergangenheit in einem übermäßig günstigen Licht zu sehen, nur unvollkommen erklärt. Es scheint vielmehr, daß, so lange wie grundsätzliche Unzufriedenheit vorherrscht, wie die Ansprüche den Gegebenheiten wesentlich voraus sind, Veränderungen zum Guten, auch wichtige Veränderungen, häufig übersehen oder absichtlich ignoriert werden.

Es ist noch zu früh, das Fortbestehen dieser grundsätzlichen Unzufriedenheit trotz der vielfältigen Verbesserungen der Lebensverhältnisse zu deuten. Hier soll uns ein anderer Teilaspekt der Einstellung dem Wandel gegenüber interessieren: wie sehen die Bauern von Britisch-Honduras in die Zukunft? Wenn sie schon den Veränderungen in den vergangenen Jahren mit nur wenig Wohlwollen gegenüberstehen, glauben sie wenigstens, daß die Zukunft Besseres bringen wird?

Aus der Tabelle 2 des Anhangs geht hervor, daß sich etwa zwei Drittel der Befragten auf die Frage, wie wohl die Bevölkerung des Dorfes in 10 bis 15 Jahren leben würde, optimistisch äußern. Das Ergebnis dieser Frage ist nicht nur in dieser absoluten Form interessant, nicht nur, weil es zeigt, daß die untersuchte Bevölkerung noch keineswegs überwiegend in Mutlosigkeit verfallen ist; es ist auch lohnend, eingehender zu analysieren, in welchen Dörfern und unter welchen Bevölkerungsgruppen die Optimisten bzw. Pessimisten besonders häufig vertreten sind.

Die Kreolensiedlung Rockstone Pond fällt hier ganz aus dem Rahmen. Während in allen anderen Dörfern eine gewaltige Mehrheit mit Zuversicht der Zukunft entgegensieht, zeigt über die Hälfte der Kreolen eine solche ausgesprochen entmutigte, enttäuschte Grundhaltung, wie sie Linton mit seiner Hypothese über den reziproken Zusammenhang zwischen Resignation und der Bereitschaft zur wirtschaftlichen Entwicklung im Auge hatte. Im vorigen Abschnitt hatten wir bereits festgestellt, daß die Marktprobleme der Mehrzahl der kreolischen Bauern als unüberwindlich erscheinen und daß diese Schwierigkeiten deshalb besonders deprimierend wirken, weil die Bauern ihre — nun weitgehend unbrauchbaren — Fruchtplantagen auf Betreiben der Regierung aufgebaut hatten. Der Pessimismus der Kreolen ist deutlich auf die bittere Enttäuschung dieser Gruppe zurückzuführen.

Der Zusammenhang zwischen vergangenen Erfahrungen und dem Ausblick in die Zukunft zeigt sich auch, wenn wir die Beurteilung der Vergangenheit der der Zukunft gegenüberstellen. Diejenigen, die der Vergangenheit gegenüber kritisch eingestellt sind, äußern sich weit seltener optimistisch als die, die die positiven Veränderungen in der Vergangenheit wahrgenommen haben. Gute Erfahrungen in der Vergangenheit sind eine starke Anregung für Optimismus, aber auch eine kritische Einstellung der Vergangenheit gegenüber beeinträchtigt nur die Hoffnung auf eine zukünftige Besserung, zerstört sie indes nicht: die Hälfte auch der Kritiker der zurückliegenden zehn Jahre ist zuversichtlich, was die Zeit in 10 bis 15 Jahren anbetrifft.

Einen ersten Hinweis auf den „Typ" des Optimisten, verglichen mit dem des Pessimisten, erhalten wir durch Tabelle 3 (Anhang). Die Optimisten zeigten sich während der Interview-Unterhaltung weit aufgeschlossener, engagierter in den Gemeinschaftsangelegenheiten als die Pessimisten. Mehr als ein Drittel der ersteren erwähnten vier und mehr Gegenstände der Hoffnung oder der Besorgnis während des Interviews. Das ist mehr als doppelt soviel wie bei dem Rest.

Es ist nicht erstaunlich, daß die Jüngeren deutlich optimistischer sind als die Älteren (Anhang Tabelle 2). Es ist jedoch schwer zu sagen, inwieweit einerseits der Faktor Alter hier den Generationenwandel, also einen Zeittrend widerspiegelt, und inwieweit andererseits der Optimismus gegenüber der Zukunft des Dorfes in der untersuchten Gesellschaft eine Grundhaltung ist, die einer bestimmten Periode des Lebenszyklus zugeordnet werden kann oder sich zumindest in ihr gehäuft findet. Wird die Landbevölkerung, beginnend mit den jetzt Jungen, zunehmend zuversichtlicher oder sind die Jungen optimistisch, nur weil und solange sie jung sind?

Ansprüche an den Staat

Aus Unterhaltungen mit den Bewohnern aller Dörfer gewinnt der Beobachter den deutlichen Eindruck, daß die Einführung aller Neuerungen und die Säkularisation der traditionellen Kultur keineswegs die Selbständigkeit, das Selbstvertrauen gestärkt hat. Vielmehr scheint die Regierung an die Stelle der Mächte des Jenseits getreten zu sein als Instanz, die das Schicksal der Dorfbewohner entscheidend bestimmt. Gewiß, Rostows Kriterium für den Bewußtseinswandel ist erfüllt die Überzeugung, daß die Natur vom Menschen manipuliert werden kann, ist allgemein verbreitet; die Hilflosigkeit ist jedoch geblieben und das Bewußtsein, daß sie, die Bauern selbst, ihr Schicksal herzlich wenig beeinflussen können.

Die Regierung ist der allmächtige deus ex machina. Da wir arm sind, und das ist zweifellos nicht unsere Schuld, können wir erwarten, daß uns die Regierung zu einem angemessenen Leben verhilft: so läßt sich die allgemeine Grundhaltung zusammenfassen. Es liegt auf der Hand, daß der intensive Kontakt mit der öffentlichen Gewalt — es gibt kaum ein Dorf in der Kolonie, das nicht mehrere Male sowohl vom Britischen Gouverneur als auch von dem einheimischen Premierminister besucht worden ist — die Einführung der Schulen sowie gewisser Sozialleistungen wie Regierungsunterstützung in schweren Krankheitsfällen[5] und Wiederaufbauhilfe für Sturmschäden das Wohlfahrtsstaatsdenken[6] genährt hat. Von der Regierung wird erwartet, daß sie den Wechsel auf ein besseres Leben einlöst, den sie gezogen hat, als sie fortgeschrittene städtische Ansprüche zu verbreiten begann, durch Schulbücher, die aus den USA oder England stammen, durch Radiosendungen, die Kenntnisse von dem Lebensstil und den Ereignissen in reicheren Ländern vermitteln, und durch eindeutige Versprechungen. Die überwiegende Nennung von Geld als Antwort auf die Frage, womit der Staat helfen solle (Anhang Tabelle 4), braucht zwar nicht unbedingt die Mentalität des Wohlfahrts- oder Subventionsempfängers zu verraten. Auch der

---

[5] Wahlschlager des einheimischen Premierministers 1961: Niemand braucht zu sterben, weil er nicht genügend Geld hat, den Arzt zu bezahlen.

[6] Vgl. *Hansmeyer*, Der Weg zum Wohlfahrtsstaat, passim.

investitionsfreudige Unternehmer mag sich Staatskredit wünschen. Dem Interviewer, der sich nach dem Verwendungszweck der begehrten Staatshilfe erkundigte, mußte jedoch recht bald klar werden, daß nicht die produktive Anlage, sondern der unmittelbare Verbrauch die starke Anziehungskraft des Geldes ausmacht. Erfahrungen mit einer Kreditaktion in früheren Jahren lehren, daß eine Kredithilfe des Staates von den Bauern nicht nur nicht zurückgezahlt wird, sondern auch fast nie zur Verbesserung der Produktionsmethoden oder auch nur zur nachhaltigen Vergrößerung der nach dem traditionellen Milpa-System bebauten Ackerfläche verwendet wird.

Wird die Regierung etwas tun? Der Wortlaut der entsprechenden Frage[7] enthält ein suggestives Element. „Ja" ist die bequeme, beinahe automatische Antwort, besonders einem ausländischen, wenig bekannten Interviewer gegenüber. Trotzdem berichteten 22 % der Befragten, sie hätten die Hoffnung verloren; die Regierung „wird nichts tun" (Anhang Tabelle 5). Weitere 19 % waren skeptisch, ob die Regierung jemals wirksam helfen würde. Nur wenig mehr als die Hälfte gab die naheliegende bejahende Antwort. Tabelle 5 zeigt auch, daß keine Korrelation zwischen Optimismus über die allgemeine Lage nach 10 bis 15 Jahren und Zuversicht über Regierungshilfe besteht. Die Optimisten haben kaum mehr Hoffnung auf Regierungshilfe als die Pessimisten. Der Grund für diese seltsame Erscheinung ist vermutlich die Zweideutigkeit des Begriffs „Regierung" in dem gegenwärtigen Übergang von der Kolonialverwaltung zur Selbstbestimmung. Obgleich die gewählten einheimischen Funktionäre das Land bereits weitgehend regieren, wird die öffentliche Gewalt noch immer weithin identifiziert mit den Engländern, mit dem ancien régime, mit vergangener Armseligkeit. Die Optimisten halten von *dieser* Regierung nicht viel; sie wären wahrscheinlich eher geneigt, einer anderen Regierung, die ausdrücklicher die einheimische Souveränität repräsentiert, zu vertrauen.

Politisches Denken: das entstehende Nationalgefühl

Wie viele Länder im Emanzipationsprozeß hat auch Britisch-Honduras während des Überganges eine gute Gelegenheit, breite Bevölkerungsschichten für Entwicklungsprojekte zu mobilisieren[8]. Eine starke Welle des Patriotismus könnte die Strapazen der Umstellung rationalisieren[9]. Unabhängigkeit ist in aller Munde, Unabhängigkeit ist das Symbol für Veränderung, Fortschritt und Entwicklung. Die Engländer waren niemals beliebt bei den Einheimischen. *Boulding,* der Britisch-

---
[7] Vgl. Fragebogen im Anhang Frage 36.
[8] Vgl. *Bonnè,* Alfred, Towards a Theory of Implanted Development in Underdeveloped Countries, 20.
[9] *Moore,* Industrialization and Labor, 63.

Honduras 1960 besuchte, bezeichnet das Land als die „bei weitem antibritischste aller englischen karibischen Besitzungen"[10]. Wie wenig die Landbevölkerung von der gegenwärtigen politischen Situation befriedigt ist, zeigt Tabelle 6 (Anhang). Unabhängigkeit und sogar Anschluß an die Vereinigten Staaten werden weit häufiger gewünscht als die Verbindung mit England. Es ist verständlich, daß der status quo am meisten Anhänger unter den englischsprechenden Kreolen hat, die befürchten, im Falle einer Veränderung wegen der dann unvermeidlichen Bindung an die lateinamerikanischen Nachbarn das Nachsehen zu haben.

Es wäre falsch, die Gefahren dieses jungen Nationalgefühls zu ignorieren, Gefahren, die sich schon jetzt in den Illusionen äußern, die die Popularisierung der Unabhängigkeitsidee hervorruft. Tabelle 7 (Anhang) zeigt, wie wenig der Bevölkerung über die gewaltige britische Hilfe, die dem Land jährlich zufließt, bekannt ist; die meisten Befragten glauben noch immer, daß England die Kolonie ausbeutet.

Die Vereinigten Staaten tun wesentlich weniger. Einmal jährlich verteilen sie ein Paket Mehl und Trockenmilch an jede Familie. Sie leisten Hilfe nach Sturmkatastrophen und nehmen durch eine sehr aktive ICA-Mission an verschiedenen Entwicklungsprojekten teil. In Geld umgerechnet, hält sich diese Hilfe in bescheidenen Grenzen. Die große Dankbarkeit der Bauern gegenüber den Amerikanern, ihr „Pro-Gringoismus", ist ein schlagendes Beispiel für die Überbewertung der Grundbedürfnisse und die Unterbewertung von für die Existenz nicht unmittelbar notwendigen, aber deshalb nicht weniger wichtigen öffentlichen Aufgaben. Die Engländer, die die Verwaltung, die Polizei und einen Großteil des Erziehungswesens organisieren und finanzieren, erfreuen sich weit geringerer Anerkennung als die Amerikaner (Anhang Tabelle 7).

Zusammenfassung

In diesem Abschnitt wurde untersucht, wie weit sich im Bewußtsein der Bauern von Britisch-Honduras Zivilisationseinflüsse bemerkbar machen, wie weit die den traditionellen Kulturen eigene Vorstellung, die gegebenen Verhältnisse seien unabänderlich, gottgewollt und „normal", bereits von der Wahrnehmung von Veränderungen und von der Überzeugung abgelöst wurde, daß Veränderungen kommen werden oder wenigstens kommen müßten.

Einen ersten deutlichen Hinweis auf die Aufweichung der festgefügten traditionellen Maßstäbe bildete die Feststellung, daß praktisch jeder

---

[10] *Boulding*, Notes on British Honduras, 2.

Befragte die gründliche Unzufriedenheit der ländlichen Bevölkerung mit ihrer Lage zum Ausdruck bringt. Diese Unzufriedenheit hängt zusammen mit der Entstehung einer von städtischen Einflüssen durchsetzten Schulerziehung, mit der Verbreitung des Rundfunks und mit den mehr und mehr proklamierten Absichten der Regierung, etwas gegen die Armut zu tun. Die rasche Reaktion auf die öffentliche Fürsorge und auf die ausdrückliche Übernahme der Verantwortung für den einzelnen durch die Regierung ist das Warten, das Sich-Verlassen auf die Hilfe des Staates. „So lange, wie die Regierung nichts tut, wird sich auch nichts ändern" war eine häufig vertretene Ansicht. Die Mehrheit nahm die teilweise wesentlichen Veränderungen der letzten 10 Jahre nicht zur Kenntnis, zeigte sich aber andererseits zuversichtlich, daß sich die Situation nach 10 bis 15 Jahren verbessert haben werde.

Wir trafen eine besonders resignierte, pessimistische Haltung bei den Kreolen an, die wegen der hervorragenden Verkehrsverbindungen und Landeigentumsverhältnisse ihres Dorfes die vergleichsweise besten Entwicklungschancen haben, aber mit starken Absatzsschwierigkeiten kämpfen müssen. Hier folgerten wir, daß nicht so sehr ein fortgeschrittenes Entwicklungsstadium als solches Optimismus hervorruft; entscheidend ist vielmehr offenbar, wie weit die dringlichsten Probleme der Bevölkerung als lösbar erscheinen.

Das Bewußtsein, zu einer über die Dorfbevölkerung hinausreichenden Gemeinschaft zu gehören, hat sich bereits durchgesetzt. Das entstehende Nationalbewußtsein läßt sich deutlich erkennen. Es setzt starke, mittlerweile gegenstandslose antikolonialistische Einstellungen frei. Der mit dem Drang nach Unabhängigkeit verbundene Patriotismus kann sich als entscheidende Hilfe für die Durchführung eines Entwicklungsprogramms erweisen.

§ 11 Mobilität

Eine gewisse Mobilität der Bevölkerung ist die Voraussetzung für jede Form wirtschaftlichen Fortschritts. Soll eine Industrie aufgebaut, die Landwirtschaft von der reinen Selbstversorgungswirtschaft fortentwickelt und grundlegend verbessert werden, soll sich eine einheimische Schicht von Lehrern, Ingenieuren und Administratoren bilden, so ist dies nur dann möglich, wenn sich Menschen von ihrem gegenwärtigen Wohnsitz, von ihrer menschlichen Umgebung und von ihrem gewohnten Berufsbild lösen, d. h. wenn sie „mobil" im soziologischen Sinne dieses Wortes sind[1].

---

[1] In der neueren soziologischen Literatur beschränkt sich die Bedeutung des Begriffes Mobilität nicht mehr auf die Statusveränderung, sie umfaßt viel-

An tatsächlicher Mobilität mangelt es weitgehend in Britisch-Honduras. Es gibt nur wenige junge Leute, die Möglichkeiten zum Aufstieg und zur Veränderung haben. Einige können Lehrer oder Polizist werden; andere finden, freilich nur kurzfristig, Saisonarbeit in der Industrie. Es fehlt jedoch an Gelegenheit für den Bauern oder Bauernsohn, sich als Facharbeiter ausbilden zu lassen, sich woanders als Bauer mit eigenem Land anzusiedeln oder eine Anstellung in einem Büro zu finden. Viel unentdecktes Talent schlummert seit Generationen in den Dörfern und stellt ein potentielles Aktivum für künftige Entwicklungsmaßnahmen dar, ein Aktivum, dessen Bedeutung nicht unterschätzt werden sollte. Während in industriellen Gesellschaften die technischen und intellektuellen Begabungen der Landbevölkerung seit Generationen von den wachsenden Städten abgeschöpft werden, sind diese menschlichen Reserven wegen des Mangels an Gelegenheiten zum Weiterkommen in den untersuchten Dörfern noch vorhanden.

Am Verhalten unmittelbar kann also das Problem in Britisch-Honduras nicht studiert werden; in einem natürlichen Experiment[2] können wir unsere Hypothese von dem Zusammenhang zwischen Bewußtseinsänderung und Mobilität nicht prüfen. Als Indikator für die Bereitschaft der Bevölkerung, auf einen Entwicklungsanreiz zu reagieren, kann hier nur die Einstellung gegenüber konkret formulierten Möglichkeiten gelten[3]. Dieser Indikator wird desto zuverlässiger sein, je aktueller die vorgegebene Möglichkeit für den Befragten ist, je mehr sich die fragliche Entscheidung bereits innerhalb seines Gesichtskreises befindet. So kann z. B. angenommen werden, daß eine positive Antwort auf die Frage, ob ein Bauer in Britisch-Honduras in der Industrie zu arbeiten bereit sei, sein tatsächliches Verhalten im Falle eines Arbeitsangebotes relativ zuverlässig widerspiegelt; Industriearbeit ist in den untersuchten Siedlungen eine zwar knappe und begehrte, aber durchaus gängige Nebenbeschäftigung. Weniger zuverlässig hingegen ist die Aussage, daß der Dorfbewohner, der seine Vorliebe für das Stadtleben ausdrückt[4], eine sich ihm bietende Gelegenheit zum Umzug nach Belize ergreifen würde; die Möglichkeit, zur Stadt zu ziehen, hat sich bis jetzt für kaum jemanden geboten.

Ein wie großer Anteil der Bevölkerung bezeichnet sich als beweglich, also bereit, neue Gelegenheiten zu ergreifen? Wie viele Bauern in Britisch-Honduras beklagen sich über den Mangel an Möglichkeiten zum

---

mehr jeden persönlichen oder intergenerationalen Berufswechsel, also auch parallele Veränderungen innerhalb der Statushierarchie. Vgl. *Lipset*, Seymour Martin, Research Problems in the Comparative Analysis of Mobility and Development, 37.

[2] Vgl. *Scherhorn*, Methodologische Grundlagen der sozialökonomischen Verhaltensforschung, 75 ff.
[3] Vgl. Fragen 8, 10, 13 a und 13 b (Fragebogen im Anhang).
[4] Vgl. Frage 8 (Fragebogen im Anhang).

Vorwärtskommen, fühlen nicht nur, daß sie ein unverdient *armes* Leben führen, sondern auch ein Leben mit einem falschen Beruf und am falschen Ort?

Zwei Formen der Bereitschaft zur Veränderung sollen hier unterschieden werden: a) örtliche und b) berufliche Beweglichkeit. a) Besteht Neigung, unter gewissen Bedingungen das Dorf und die Gemeinschaft zu verlassen und woanders Landwirtschaft zu betreiben? Bevorzugt man das Stadt- oder das Landleben? b) Gilt „Bauer" als erstrebenswerter Beruf oder ist der Befragte bereit, unter gewissen Voraussetzungen die Landwirtschaft überhaupt aufzugeben?

Diese weite Definition des Begriffes Beweglichkeit, die nicht nur die örtlichen, sondern auch die beruflichen Veränderungen umfaßt, wurde gewählt, weil beide Formen nur zwei Aspekte des gleichen Phänomens, nämlich des Überganges zu neuen Arbeits- und Lebensbedingungen sind — die Wanderungsbewegung vom Land zur Stadt ist typischerweise gleichzeitig ein Übergang von der landwirtschaftlichen zur industriellen Beschäftigung.

Vorbehalte gegenüber dem Ortswechsel

Der Reiz der Stadt als Ziel der Wanderungsbewegung kann zwei Wurzeln haben. Zum einen mögen die höheren Verdienstmöglichkeiten der Stadt begehrt sein, zum anderen der Lebensstil, der Komfort der Stadt, die reicheren Möglichkeiten, das Einkommen zu verwenden. Der Wortlaut von Frage 8 (Anhang Tabelle 8) versuchte, das erste Motiv auszuschließen: „*Wenn Sie genug Geld hätten*, wo würden Sie lieber leben: in einem Dorf oder in der Stadt?"

Die Bauern von Britisch-Honduras möchten auch weiterhin auf dem Lande bleiben; das Stadtleben übt keine Anziehungskraft auf sie aus. Nur etwa jeder Sechste würde es dem Dorfleben vorziehen.

Jüngere Leute fühlen sich mehr zur Stadt hingezogen als ältere. Unter den Dörfern zeigt das von Karibiern bewohnte Hopkins bei weitem den höchsten Prozentsatz von potentiellen Stadtbürgern. Das ist erklärlich. Die vielen Wanderarbeiter unter den Bewohnern des stark isolierten Dorfes nehmen die Nachteile und die Primitivität des Landlebens besonders deutlich wahr. Der Unterschied zwischen den Karibiern und den Indianern scheint jedoch mehr als nur die speziellen Umstände von Hopkins widerzuspiegeln. Die einzige Stadt von Bedeutung in Britisch-Honduras ist Belize; die Indianer fühlen sich aus rassischen und sprachlichen Gründen weit weniger zu der hauptsächlich von Kreolen bewohnten Hauptstadt hingezogen als die Karibier. Daß nur eine schwache Minderheit von Kreolen zum Stadtleben wechseln will, ist angesichts der Tatsache, daß sie ja vorher freiwillig von der Stadt aufs Land gezogen waren[5], nicht überraschend.

Welche Gründe wurden für die Bevorzugung des Land- oder des Stadtlebens genannt? Die häufige Begründung für das Verbleiben auf dem Lande „das Leben ist hier billiger, weil man sich selbst versorgen kann" drückt das Gefühl der Unsicherheit gegenüber einer Veränderung der Lebensgrundlage unter den gegenwärtigen ungünstigen Umständen aus und ist nicht viel weniger als eine bewußte Bestätigung des Mangels an Gelegenheiten. Auf der gleichen Linie liegt die Antwort: „Ich habe hier Arbeit". Als mit dem Dorfleben verbundener oder wenigstens mit ihrem Dasein versöhnter erweisen sich diejenigen, die mehr gefühlsmäßige Antworten geben, wie „ich kann hier mein Vieh züchten", „ich kann hier meine Milpa bauen", „ich liebe mein Heimatdorf".

Als häufiger Grund für die Bevorzugung des Stadtlebens wurden Arbeitsmöglichkeiten genannt, eine Antwort, die ebenso überraschend wie illusionär ist, denn die Städte von Britisch-Honduras sind voll von Arbeitslosen. Nur sieben von den 31 Befragten, die die Stadt dem Dorfe vorziehen, gaben zu, von den Unterhaltungsmöglichkeiten der Stadt angelockt zu werden.

Die andere Frage, deren Ergebnis Aufschluß über die Bereitschaft zum Ortswechsel gibt, war suggestiv formuliert (Anhang Tabelle 9). Die von 60 % der Befragten ausgedrückte Neigung, das Dorf zu verlassen, wenn dieser Wechsel mit der Ansiedlung auf besseren und eigenen Böden verbunden sei, sollte auf keinen Fall als bare Münze genommen werden. „Ja" war die bequeme Antwort, und viele Indifferente wurden ein Opfer der Suggestion.

Interessanter sind diejenigen, die „nein" antworten. Hier zeigt sich ein allmählicher Anstieg von 18 bis 52 % von der niedrigsten bis zur höchsten Altersstufe. Ebenso signifikant sind die Unterschiede zwischen den Dörfern. Wieder erweist sich Hopkins als am aufgeschlossensten. Nur 8 von den 36 befragten Einwohnern würden das Dorf nicht verlassen. In San Felipe ist der Prozentsatz ein wenig höher, während sich in der kreolischen Siedlung wiederum am wenigsten Neigung zur Veränderung zeigt. Diese Unterschiede zwischen den Dörfern scheinen auf einen Zusammenhang zwischen Armut und Bereitschaft zum Ortswechsel hinzuweisen. Die Bewohner der ärmsten Dörfer (San Felipe und Hopkins) fühlen am klarsten die harte Notwendigkeit der Veränderung, sie fühlen sich vertrieben von der Armut und Unsicherheit ihrer Existenz.

In die gleiche Richtung weisen die Antworten auf eine andere Frage, die nur in den beiden indianischen Dörfern gestellt wurde. Einige Land-

---

[5] Vgl. die Beschreibung der Kreolensiedlung Rockstone Pond in § 9.

wirtschaftsexperten der Kolonie sind der Meinung, daß die Lage der Bauern nur verbessert werden könne, wenn die Dörfer aufgelöst und die Bauern in ihrem eigenen Lande dezentral angesiedelt würden, wodurch sich vor allen Dingen die weiten Entfernungen zum Ackerland radikal verkürzen würden.

Die Ergebnisse der betreffenden Frage, deren Wortlaut nicht suggestiv ist, zeigt eine sehr eindrucksvolle Bereitschaft zur Mobilität bei den Bewohnern der zwei indianischen Dörfer (Anhang Tabelle 10). Mehr als die Hälfte der Befragten entscheidet sich für das ungewohnte Leben inmitten des Ackerlandes. Die Unterschiede zwischen den beiden Dörfern gehen eindeutig auf das Konto der Mennoniten[6], deren Beispiel besonders deutlich in dem nachbarlichen San Felipe wahrgenommen wird. Auch die Mennoniten bauen ihre Wohnhäuser inmitten ihres Bodens, und die vielen Indianer, die von den Mennoniten beschäftigt werden, beginnen schon die Vorteile des dezentralisierten Systems zu erkennen. Die Bereitschaft der Umsiedlung unter besseren Bedingungen würde zweifellos wachsen, wenn die Bauern die Überzeugung gewännen, daß die Nachbarschaftskontakte und die Gemeinschaftseinrichtungen, wie Schule, Kirche und Selbstverwaltung, durch die Dezentralisierung nicht leiden würden.

*Skepsis gegenüber dem eigenen Berufsbild —
der Drang zur Arbeit in der Industrie*

Möchten die Bauern von Britisch-Honduras Bauern bleiben oder sind sie schon von anderen beruflichen Maßstäben beherrscht? Ist die Bevölkerung bereit, Beschäftigungsgelegenheiten in der Industrie zu ergreifen, und in welchem Ausmaß würde sie die Landwirtschaft, ihre derzeitige Existenzbasis aufgeben?

Diese beiden Punkte umschreiben das Problem der beruflichen Beweglichkeit. Für das Interview wurden sie in zwei Fragen umgesetzt. Die erste Frage „möchten Sie, daß Ihre Kinder Bauern werden?" sollte ermitteln, wie die Bevölkerung ihren eigenen Beruf unabhängig von Veränderungsmöglichkeiten für den Befragten selbst bewertet. Ihre Ergebnisse können auch darüber Aufschluß geben, in welcher Richtung die Eltern die berufliche Zukunft ihrer Kinder beeinflussen. Die zweite Frage „wären Sie daran interessiert, in der Industrie zu arbeiten?" bezieht sich auf die Reaktionen auf unmittelbare Gelegenheiten, berufliche Anpassungen, die für fast jeden der Befragten vorstellbar sind.

Tabelle 11 im Anhang zeigt, daß ungefähr die Hälfte der Befragten sich ohne Einschränkung dafür ausspricht, daß ihre Kinder Bauern werden. Wiederum muß davor gewarnt werden, diese Äußerung all-

---
[6] Vgl. § 8, Fußnote 6.

zu wörtlich zu nehmen. Der Wortlaut der Frage lud den Unschlüssigen, den geistig weniger Aufgeschlossenen ein, bejahend zu antworten. Vergegenwärtigt man sich dies, wird im Gegenteil der hohe Anteil der von der „Normalantwort" Abweichenden erstaunlich. Nicht weniger als 11 % drückten Vorbehalte gegenüber der Landwirtschaft als Beruf aus, und 37 % weigerten sich entschieden, anzuerkennen, daß die Landwirtschaft genug Zukunft habe, um der jüngeren Generation gute berufliche Chancen zu bieten. Die kritische Antwort setzt bei vielen Befragten überdies einen gewissen Opfermut voraus. Wenn die Kinder andere Berufe ergreifen, müssen die Eltern meist vorzeitig auf ihre Hilfe verzichten oder sie sogar — im Falle einer Berufsausbildung — über das schulpflichtige Alter hinaus unterstützen. Wir werden später sehen[7], inwieweit es in den Augen der Eltern gegenwärtig noch wirtschaftlich vorteilhaft ist, Kinder zu haben.

Werfen wir einen Blick auf die Ergebnisse in den einzelnen Dörfern, so stellen wir fest, daß sich die Antworten in den beiden Indianerdörfern und in Hopkins in ähnlicher Weise streuen (Anhang Tabelle 11). Die Kreolen reagierten eindeutig anders. Ihre pointiert positive Haltung dem Beruf des Bauern gegenüber kontrastiert mit dem besonders bei ihnen verbreiteten Pessimismus gegenüber der Zukunft (Anhang Tabelle 2), wenn man erwartet, daß die Pessimisten unzufriedener mit ihrer beruflichen Realität sein müßten.

Die gleiche Tabelle vermittelt ein besonders düsteres Bild von der beruflichen Selbstbewertung der Bauern. Günstige Einstellungen gegenüber dem Bauernberuf korrelieren stark mit dem Alter. Junge Bauern sind skeptischer ihrem Beruf gegenüber als ältere. Auch dies scheint nicht mit dem Ergebnis von Tabelle 2 (Anhang) zusammenzupassen, nachdem die jungen Leute am optimistischsten gegenüber der Zukunft sind.

Die nächste Auszählung löst das Rätsel. Sie zeigt unmißverständlich, daß gerade die Optimisten dem Bauernberuf reserviert gegenüberstehen. Das ist in der Tat ein erschreckendes Ergebnis für denjenigen, der die einzige Chance für die Entwicklung der Landbevölkerung in der Förderung der Landwirtschaft sieht. Wir hatten im vorigen Kapitel festgestellt, wie eng der Ausblick in die Zukunft nicht nur mit dem Alter (Anhang Tabelle 4), sondern auch mit der Wahrnehmung von vergangenen Veränderungen (Anhang Tabelle 4) und mit der geistigen Aufgeschlossenheit im Interview (Anhang Tabelle 3) zusammenhängt. Nun stellt sich auch noch heraus, daß gerade das aussichtsreichste Segment der Landbevölkerung nicht etwa nur unzufrieden mit dem *gegenwärtigen* Zustand der Landwirtschaft ist, sondern dieser auch am wenigsten

---

[7] Im nächsten Abschnitt dieses Kapitels.

Zukunft zuschreibt, wenn wir die negative Einstellung gegenüber der Landwirtschaft als Beruf für die Kinder in dieser Weise interpretieren können. Gerade die Aufgeschlossenen, Aktiven neigen dazu, ihren Kindern nichtlandwirtschaftliche Berufe zum Vorwärtskommen zu empfehlen.

Welche Berufe werden erstrebt? Die beschränkten Möglichkeiten der abhängigen, unindustrialisierten Wirtschaft drücken sich klar in den genannten Berufen aus (Tabelle 11 im Anhang). Nicht Facharbeiter, Handwerker, Mechaniker — bevorzugte Zwischenstufen auf der Leiter des sozialen Aufstiegs in industriellen Gesellschaften — werden am häufigsten für die Kinder begehrt, sondern Büroangestellter, Lehrer, Freie Berufe (Arzt, Ingenieur, Rechtsanwalt). Intellektuelle und Schreibtischberufe wurden viermal so oft genannt wie „Mechaniker und „Ingenieur" zusammen. Niemand antwortete „Industriearbeiter", was offenbar entweder daran liegt, daß das Prestige dieses Berufes nicht höher ist als das des Bauern, oder daran, daß es in Britisch-Honduras keine ständigen Industriearbeiter gibt — die zucker- und zitrusverarbeitende Industrie arbeitet fast ausschließlich mit Saisonarbeitern —, so daß es den Befragten nicht in den Sinn kommt, daß diese Tätigkeit auch als Dauerbeschäftigung ausgeübt werden kann.

Das bedeutet keineswegs, daß Industrie nicht ein sehr aktuelles und oft erörtertes Gesprächsthema wäre. Erstens ruft eine Minderheit von unternehmungslustigen Bauern in Yo Creek und in der kreolischen Ansiedlung ungeduldig nach der Errichtung einer weiterverarbeitenden Industrie, an die sie ihre Obst-, Gemüse- und Zuckerrohrernten verkaufen kann. Die meisten Bauern jedoch sind an der Industrie interessiert wegen der Arbeitsmöglichkeiten, die sie sich erhoffen (Tabelle 12 im Anhang).

Die Antwort auf die Frage nach dem Interesse an industrieller Arbeit kennzeichnet die relativ schwache Bindung der untersuchten Bevölkerung an die traditionelle bäuerliche Lebens- und Arbeitsweise. Nur wenig mehr als 20 % weigern sich eindeutig, in der Industrie zu arbeiten. Ungefähr 50 % würden gern in der Industrie arbeiten, nicht aber dafür die Milpa aufgeben, teils, weil sie ihre gewohnte Arbeit (wenn ihnen auch deren Entlohnung als zu gering erscheint) jeder anderen Beschäftigung vorziehen, teils, weil sie nicht glauben, sie könnten die Milpa als Quelle des Naturaleinkommens durch Geldeinkommen ersetzen. Viele möchten nur kurzfristig in der Industrie arbeiten und haben die beste Absicht, das verdiente Geld wieder in die Milpa zu investieren; andere wiederum würden zwar die Beschäftigung in der Industrie als Hauptberuf betrachten, möchten aber dann andere Dorfbewohner auf ihrer Milpa arbeiten lassen. Die Gruppe derjenigen, die zugunsten der Arbeit

5 Strümpel

in der Industrie ihre Milpa vollkommen aufgeben würden, umfaßt etwa 30 %.

Werfen wir einen Blick auf die Verteilung innerhalb der Dörfer (Anhang Tabelle 12), so stellen wir wieder die Immobilität der Kreolen fest. Hopkins bildet das andere Extrem. Nicht ein einziger der Befragten, nicht einmal einer der ältesten, weigerte sich, in der Industrie zu arbeiten, und die Hälfte der Einwohner zeigte sich durchaus bereit, die Milpa aufzugeben. Auch die Bauern von Yo Creek, dem wohlhabenden indianischen Dorf, sprachen sich zu etwa der Hälfte für ein Leben ohne Milpa aus, für den Fall, daß ihnen ein ständiger industrieller Arbeitsplatz geboten werden sollte. Die überraschend hohe Zahl von Veränderungswilligen in den beiden Dörfern mit lebendigem Gemeinschaftsgeist deutet auf den Zusammenhang zwischen Mobilität und sozialer Durchstrukturierung hin. Letztere bringt den einzelnen ja nicht nur in Verbindung mit der Gemeinde, sondern gliedert ihn bis zu einem gewissen Grade auch in die Nation ein. Wer in einer Gemeinschaft organisiert ist und sich als ein Teil dieser Gemeinschaft fühlt, wird eher durch Einflüsse und Informationen von außen erreicht. Das wiederum macht ihn für neue Maßstäbe und Ansprüche empfänglich und gibt ihm Vertrauen in seine Fähigkeit, eine Veränderung zu meistern. Gerade die Mitglieder der von der Regierung geförderten Kreditgenossenschaften — Personen mit ausgeprägtem Gemeinschaftsgeist — haben eine überdurchschnittliche Neigung zur Industriearbeit (Anhang Tabelle 12).

Obgleich, was nicht überrascht, die Jüngeren der Veränderung positiver als die Älteren gegenüberstehen, ist auch eine beträchtliche Mehrheit der Älteren an industrieller Arbeit interessiert. Aufschlußreich ist ferner, daß nicht nur diejenigen, die gelegentlich für andere arbeiten, sondern auch die „Arbeitgeber" überwiegend von der Industrie angezogen werden, obgleich die ersteren vor einer Veränderung ihrer gegenwärtigen Lebens- und Arbeitsweise deutlich seltener zurückschrecken als die letzteren. Diejenigen, die an Regierungshilfe glauben, zeigen sich als besonders unbeweglich. Freilich mag hier Wunschdenken im Spiele sein: wer auf sein wenn auch armseliges Bauerndasein festgelegt ist, mag sich an die Hoffnung einer Regierungsintervention klammern. Umgekehrt wirkt sich die realistische Einschätzung der Skeptiker sicherlich auch auf deren Beweglichkeit positiv aus. Auch diese Feststellung[9] deutet darauf hin, daß die Veränderungswilligen sich weniger gezogen als geschoben fühlen, daß ein Wechsel nicht so sehr deshalb ins Auge gefaßt wird, weil man sich Illusionen über ein besseres Leben machte, als vielmehr deshalb, weil der Ertrag der schweren Milpa-Arbeit einfach nicht mehr als angemessen betrachtet wird und

---

[8] Vgl. § 8, erster Abschnitt.
[9] Vgl. den in § 9 beschriebenen Zusammenhang zwischen Armut und örtlicher Beweglichkeit in San Felipe.

man an eine grundlegende Verbesserung der dörflichen Lebensbedingungen nicht glaubt.

*Exkurs: Kinder als Vorteil oder Belastung
Wandel einer Einstellung*

Mittelamerika ist zur Zeit mit einem Bevölkerungswachstum von jährlich etwa 4 % der Teil der Erde, in dem die säkulare Bevölkerungsexplosion am ausgeprägtesten ist[10]. Britisch-Honduras macht hierin keine Ausnahme. Sowohl die Stadt- als auch die Landbevölkerung ist überaus geburtenfreudig; dem Beobachter fällt auf, daß die Kinder weitgehend das Straßen- und Dorfbild beherrschen. Zwar kann im Rahmen dieser Arbeit nicht auf die Ursachen dieses außerordentlichen Bevölkerungswachstums eingegangen werden, doch soll hier ein Aspekt dieses Problems, nämlich die materiellen Konsequenzen des Kinderreichtums für die Eltern und deren Einstellungen hierzu kurz behandelt werden.

In welcher Weise hat der soziale Wandlungsprozeß, dem wir in so vielen Formen bereits begegnet sind, die Rolle des Kindes in der Selbstversorgungswirtschaft geändert? Während vor Einführung der Schulerziehung das Kind bereits mit 10 Jahren merklich in der Wirtschaft helfen konnte und den Eltern ungefähr 15 Jahre lang bis zur Eheschließung als Arbeitskraft zur Verfügung stand, ist diese Zeitspanne in den letzten 10 Jahren von beiden Seiten eingeengt worden. Die Schulpflicht erlaubt es den Kindern erst, im Alter von 15 Jahren voll mitzuarbeiten, und das beträchtliche Absinken des durchschnittlichen Heiratsalters setzt die Periode, in der die Eltern über die Arbeitskraft der Kinder voll verfügen können, auf nur etwa 5 Jahre herab. Töchter sind dabei weit weniger nützlich als Söhne, da sie nur im Haushalt arbeiten, mit Ausnahme der karibischen Frauen, die sich wie die Männer in der Fischerei betätigen und auch in der Milpa arbeiten.

Angesichts ihrer großen Fruchtbarkeit ist es erstaunlich, daß sich die Landbevölkerung von Britisch-Honduras des begrenzten materiellen Vorteils von Kindern offenbar weitgehend bewußt ist.

60 % der befragten Männer geben zu, daß Kinder eine Belastung sind. Die Fragestellung hätte eher eine Verzerrung der Antworten in der gegensätzlichen Richtung erwarten lassen. So können wir annehmen, daß sich unter den 29 %, die Kinder als wirtschaftlich vorteilhaft bezeichnen, einige befinden, die sich nur ungern gegenüber einem Unbekannten negativ über ihre Kinder geäußert hätten und die daher mit ihrer kritischen Einstellung zu dem materiellen Aspekt des Kinderreichtums hinter dem Berge hielten.

---

[10] Vgl. *Smith*, Population and Economic Growth in Central America, 134 ff.

Alle Befragten

Tabelle 4

Weitaus die meisten Befragten betrachteten Kinder als eine Belastung

Frage 23: „Was meinen Sie: sind viele Kinder eher ein Vorteil oder eine Belastung für die Eltern?"

	eher Vorteil	Vorteil und Belastung	eher Belastung	weiß nicht		Basis
	%	%	%	%		
Alle Befragten	29	7	60	4	100 %	180
San Felipe	24	13	63	—	100 %	46
Yo Creek	44	2	52	2	100 %	46
Hopkins	14	5	81	—	100 %	36
Rockstone Pond	33	2	50	15	100 %	52
16—24 Jahre ..	51	—	46	3	100 %	35
25—39 Jahre ..	23	8	65	4	100 %	48
40—54 Jahre ..	21	5	69	5	100 %	42
55 Jahre u. älter	27	8	58	7	100 %	55

Die armen Dörfer — Hopkins und San Felipe — sind auffallend skeptisch gegenüber dem wirtschaftlichen Wert von Kindern. Der Bevölkerung dieser Ansiedlungen fällt es besonders schwer, Kinder großzuziehen. Daß junge Männer unter 25 Jahren, besonders solche, die bisher kinderlos verheiratet sind, Kinder überdurchschnittlich häufig für einen Vorteil halten, mag eine psychologische Erklärung finden.

Zusammenfassung

Beweglichkeit — die allgemeinste Voraussetzung für die positive Reaktion einer Bevölkerung auf eine Entwicklungsmaßnahme — wurde für die Zwecke dieser Untersuchung als Bereitschaft zur grundlegenden Veränderung der Lebens- und Arbeitsweise definiert. Sie wurde in die Bereitschaft zum Ortswechsel und die zur beruflichen Veränderung untergliedert. Mehrere Fragen, von denen jede einen Teilaspekt beleuchtete, dienten dazu, diese Bereitschaft bei der Landbevölkerung von Britisch-Honduras zu messen und auf ihre Ursachen zu untersuchen.

Die weitverbreitete Neigung der Bauern dieses unindustrialisierten Landes, in der Industrie zu arbeiten, kann zwar ohne ein Experiment nicht unmittelbar in konkrete Information über das Ausmaß der Resonanz eines Angebots industrieller Arbeitsplätze umgesetzt werden. Immerhin kann sie potentielle Investoren ermutigen, während sie dem Politiker, dessen Entwicklungskonzept sich auf den Ausbau der Landwirtschaft beschränkt, ernsthaft zu denken geben muß, um so mehr, als gerade die Jungen, Aktiven und diejenigen, die mit Optimismus in die Zukunft sehen, die stärkste Neigung zeigen, in der Industrie zu arbeiten und ihre Milpa aufzugeben.

Die Landbevölkerung von Britisch-Honduras ist eher zu beruflichen Veränderungen als zum Ortswechsel bereit. Die überwiegende Mehrheit möchte in der Industrie arbeiten, aber möchte nicht vom Landleben und von der gewohnten menschlichen Umgebung Abschied nehmen. Zwar ist die Hälfte der Befragten nicht glücklich über den Gedanken, daß ihre Kinder Bauern werden; sie halten andere, besonders Schreibtischberufe für erstrebenswerter.

Dennoch sind fast alle Befragten ehrlich davon überzeugt, daß Landleben besser ist als Stadtleben. Industrie und Stadt werden keineswegs gleichgesetzt. Die Städte, die sie kennen, haben keine Industrie, und die Fabriken, die einige von ihnen kennen, sind auf dem Lande gelegen.

Von anderen Entwicklungsländern wird berichtet, daß von den städtischen Lebensbedingungen und Konsumgewohnheiten eine starke Anziehungskraft auf die Bewohner vieler ländlicher Gebiete ausgeht. Besonders die Eintönigkeit und die Strapazen der mit völlig überlebten Methoden betriebenen Landwirtschaft läßt das Stadtleben attraktiv erscheinen[11]. Ein großer Teil der Bevölkerung lateinamerikanischer Hauptstädte besteht aus völlig verarmten Zuwanderern, deren Erziehung, Ausbildung und Motivation jede wirtschaftliche und soziale Eingliederung erschwert, wenn nicht gar verhindert. Wie beklagenswert die Lebensverhältnisse in den städtischen Slums auch sein mögen, noch immer verlassen neue Generationen von armen Indianern voller Illusionen ihre Hütten auf dem Lande, nur um in der Stadt ihr Leben in noch schlimmerer Armut fortzusetzen[12].

Die Landbevölkerung von Britisch-Honduras ist realistischer. Noch ist die Not nicht so fühlbar, daß sie die Wanderung in die Städte erzwänge. Noch können die Gefahren und Probleme der überstürzten Verstädterung abgewendet werden.

§ 12 Motivation

Welche Aussagen können wir aufgrund der vorliegenden Daten über den Motivationswandel im Entwicklungsprozeß machen? Die Voraussetzung, die im ersten Teil belegt wurde und auf der die vorliegende Untersuchung aufbaut, ist die, daß das Individuum durch die Auflockerung der traditionellen Bindungen einen größeren Freiheitsgrad für seine Handlungen bekommt; daher sind die Motive seines wirtschaft-

---
[11] *Hoselitz*, Generativ and Parasitic Cities, 202.
[12] *Sulzberger*, The Growth of the Big Cities, The New York Times, 5. Dezember 1961.

lichen Handelns, besonders im Hinblick auf seine Arbeitsweise und seine Mobilität, von besonderer analytischer Bedeutung.

An dieser Stelle soll noch einmal auf die im vorigen Abschnitt[1] dargestellte Hypothese über den Zusammenhang zwischen den Zivilisationseinflüssen, dem Bewußtseinswandel und der Mobilität und ihren Motiven hingewiesen werden. Die im Rahmen dieser Arbeit untersuchte unabhängige Variable, der Kontakt mit der Zivilisation, wurde zunächst bei der Beschreibung der Situation der Dörfer (§ 9) nachgewiesen, zum anderen bei der Analyse des Bewußtseinswandels (§ 10), wobei auch den Auswirkungen des Kontaktes auf die Einstellungen und Normen nachgespürt wurde. Dieses Verfahren hat gegenüber dem erstgenannten den Vorteil der Quantifizierbarkeit und individuellen Unterscheidbarkeit — man kann jede Gruppe und sogar jeden Befragten einstufen. Die abhängige Variable, das Entwicklungsverhalten, wurde als Mobilität bezeichnet. Wegen des Mangels an Gelegenheiten zur Veränderung in Britisch-Honduras konnten über das Verhalten selbst nur wenige Daten erhoben werden. Wir mußten uns damit begnügen, aus den Antworten auf hypothetische Fragen auf die Bereitschaft zu Veränderungen zu schließen[2]. Die Heranziehung der Motivation als intervenierende Variable ist wichtig für unseren Erklärungsversuch, weil ein gegebener sozialer Einfluß nicht notwendigerweise eine gegebene Verhaltensweise hervorruft[3]. Die intervenierenden Variablen helfen uns zu verstehen, warum einige der Befragten sich trotz gleicher Umwelteinflüsse als veränderungsbereit zeigen und andere nicht[4].

Die Motivation des wirtschaftlichen Verhaltens der untersuchten Bevölkerung ließ sich nicht einfach durch einige eingeschobene Fragen ermitteln. Auf sie kann nur von den Antworten auf andere, meist offene Fragen geschlossen werden; da Motive meist unbewußt sind, sind sie nur in den seltensten Fällen direkt erfragbar. Hierdurch ist eine zuverlässige quantitative Analyse der vorhandenen Motive erschwert. Die in den folgenden Ausführungen entwickelte Argumentation greift daher gelegentlich auf Unterhaltungen, Beobachtungen, Eindrücke des Verfassers zurück, somit auf Erkenntnisquellen, in die sich bereits relativ frühzeitig ein Element der Interpretation eingeschlichen hat.

Der Ruf nach Geld: die Verschwommenheit der Entwicklungsvorstellung

Bei der Behandlung der Mobilität stellte sich eine überraschend starke Bereitschaft der Bauern zur industriellen Arbeit heraus. Die Tatsache,

---

[1] § 7.
[2] Vgl. § 11.
[3] *Newcomb*, Sozialpsychologie, 24.
[4] Vgl. ebenda, 25; *Newcomb* verdeutlicht diesen Ansatz am Beispiel der Jugendkriminalität, die sich — trotz gleicher Voraussetzungen — nur bei einem Teil der gefährdeten Jugendlichen zeigt.

daß diese Beweglichkeit im wesentlichen auf den Übergang zu industrieller Arbeit beschränkt ist, nicht aber mit der Neigung zum Stadtleben einhergeht, gab bereits einen ersten Hinweis auf die Motivation. In den Begründungen für die Bevorzugung des Landlebens kam die gefühlsmäßige Bindung an die gewohnte menschliche und örtliche Umgebung sowie das Unsicherheitsgefühl einer Veränderung gegenüber zum Ausdruck. Die Attraktion des Stadtlebens mit all seinen Möglichkeiten, seinem Luxus und seinen Reizen, soweit sie von der Bevölkerung überhaupt empfunden wird, fällt jedenfalls gegenüber der Scheu vor dem Unbekannten — wenn man so will: gegenüber dem Sicherheitsmotiv — kaum ins Gewicht.

Offen ist jedoch noch die Frage, was im einzelnen die Anziehungskraft der industriellen Arbeit ausmacht: möchten die Bauern in der Industrie arbeiten, weil die Löhne höher sind, weil sie keine andere Möglichkeit sehen, einen ihnen angemessenen Lebensunterhalt zu bestreiten, oder bevorzugen sie die gesamte Lebensweise, die mit Industriearbeit normalerweise verbunden ist: formalisierte Arbeitszeit und -bedingungen, mehr Geld- anstelle von Naturaleinkommen, weniger ländlich-primitive Lebensumstände (z. B. keine oder weniger Haustiere)? Ist Industriearbeit nichts weiter als eine zusätzliche Einkommensquelle, oder ist sie das Symbol für eine erstrebte neue Lebensweise? Tabelle 1 im Anhang stellt eine Zusammenfassung der Probleme dar, die von den Befragten im Verlaufe der Interview-Unterhaltung vorgebracht wurden. Diese Tabelle beruht nicht auf Antworten auf eine einzige Frage, sondern auf einer Inhaltsanalyse, die das ganze Interview umfaßt. Die Fragen, auf die die meisten hier zusammengefaßten Antworten gegeben wurden, sind in Tabelle 1 aufgeführt.

Das Thema, das bei weitem am häufigsten als Gegenstand von Sorge oder Hoffnung erwähnt wurde, war relativ unspezifisch: Geld. 56 % der Befragten brachten die Armseligkeit ihrer Lage mit dem Mangel an Geld, ein besseres Leben mit der Verfügbarkeit von mehr Geld in Verbindung. Weit weniger Befragte bezeichnen die Verbesserung ihrer Landwirtschaft, bessere Ernten usw. als dringende Probleme. Besonders deutlich wird die Konzentration der Hoffnungen auf den Gegenstand „Geld" in einer weiteren Tabelle (Anhang Tabelle 4). Geld ist der erste Gedanke, wenn von Regierungshilfe die Rede ist. Die Regierung soll Geld geben, obgleich die bloße Bereitstellung von Mitteln, wie sie ein Beispiel in der Vergangenheit bereits bewiesen hat, an der Situation gar nichts ändert und andere Arten der Regierungshilfe — Mechanisierung, Beratung, Verbesserung der Infrastruktur — unvergleichlich nützlicher wären.

Das Wunschdenken der Bevölkerung kreist um Geld, nicht um den Ausfall der Ernte und die Verbesserung der Landwirtschaft, um die

Milpa oder um das Vieh als Wohlstandssymbol. Die Bauern haben so viele schlechte Erfahrungen mit unverkäuflichen Produkten und Preisverfall gemacht, daß eine bessere Ernte allein nicht allzuviel für sie bedeutet. Selbst das sehr isolierte San Felipe ist auf den Verkauf von Mais und Rindern angewiesen; nur wenn die Geldwirtschaft funktioniert, kann es die auch hier eingeführten industriellen Konsumprodukte einkaufen. Die so außerordentlich häufige Erwähnung von Geld läßt jedoch keineswegs ohne weiteres den Schluß zu, die Bauern strebten nach all den Dingen, die man für Geld kaufen kann: ein höheres Konsumniveau, bessere Häuser oder gar eine Veränderung ihrer Produktionsmethoden. Nur in den wenigsten Fällen spezifizierten sie auf die Frage des Interviewers, wofür denn das Geld verwendet werden sollte, ihre Vorstellungen, indem sie konsumtive oder produktive Zwecke anführten; für den Beobachter eindeutig, stellte die Antwort „Geld" in fast allen Fällen nur einen vagen, nicht weiter erklärbaren Gemeinplatz dar, mit dessen Erwähnung man es bewenden ließ. Erschreckend oft traf man die Einstellung, daß Möglichkeiten, Geld zu bekommen, die Situation sofort und drastisch ändern würden. „Geld" steht für das Verlangen nach Hilfe von außen. Daß es so häufig genannt wird, wirft ein Licht auf den Illusionismus vieler Bauern, zeigt, daß sie einen allzu allgemeinen, verschwommenen Eindruck von ihren Problemen haben.

Viele, nicht aber alle Bauern beschränken sich in ihrer Kritik und in dem Ausdruck ihrer Hoffnungen auf die vage Erwähnung von Geld. Wo findet sich diese Antwort am häufigsten? (Tabelle 1 im Anhang). Die uns durch ihre Resignation und Unbeweglichkeit bereits bekannte Kreolensiedlung Rockstone Pond[5] hat auch bei weitem den höchsten Prozentsatz an Personen, die das Fehlen von Geld für das vordringlichste Problem hielten. Auch die Aufgliederung der Antworten auf die Frage nach der zweckmäßigsten Regierungsintervention (Tabelle 4 im Anhang) bestätigt unsere bisherigen Ergebnisse. Die Erwähnung von Geld nimmt mit dem Alter zu; verglichen mit den Älteren, die nur zu oft die Haltung eines reinen Wohlfahrtsempfängers verraten, scheinen die Jungen die Situation realistischer einzuschätzen. Während diese weit häufiger an die Beschaffung von Maschinen, Traktoren, Pflügen und Motorbooten, von Gegenständen also, die meist für die Bauern neu sind, denken, scheint die Gedankenkette der Älteren mit „mehr Geld" aufzuhören; im Mittelpunkt ihrer Auffassung von der Situation stehen mehr die Symptome und weniger die Ursachen ihrer gegenwärtigen schwierigen Lage.

„Der wirklich bedeutsame Wendepunkt in der Geschichte einer Gesellschaft ist nicht der Zeitpunkt, in dem sie beginnt, Reichtum als solchen zu achten, sondern der, in dem die produktive Anlage und der

---

[5] Vgl. § 10, 2. Abschnitt, und § 11.

dieser entsprechende Reichtum in den Vordergrund gestellt wird[6]." Hier hat die untersuchte Bevölkerung noch einen weiten Weg zu gehen. Schon bei der Behandlung der Arbeitssituation in San Felipe (§ 9) haben wir gesehen, wie wenig unternehmerische Neigung sich bei den Wohlhabenderen trotz bester Gewinnmöglichkeiten findet, wie gering die Lohnelastizität des Angebotes an Arbeitsgelegenheiten ist, aber wie wenig auch die Ausübung der Arbeitgeberfunktion durch besonderes Prestige honoriert wird. Es fehlt jedes Bewußtsein dafür, daß die Arbeit von heute Lebensvoraussetzung für die Generation von morgen ist, es fehlt weitgehend ein über die nächste Ernte hinausreichender Planungshorizont. Die Notwendigkeit von Investitionen, von Veränderungen der überkommenen Produktionsstruktur wird praktisch nur von einigen Vertretern der jungen Generation klar erkannt. Zwar bekundet die Mehrheit der Befragten eine überraschend starke Neigung zur Industriearbeit; dennoch zeigen sich nur sporadisch Anzeichen einer Veränderung des landwirtschaftlichen Produktionsverhaltens und der Motive desselben. Es ist nicht allzuviel Bereitschaft zu einer langfristig geplanten, gegebenenfalls opfervollen Umstellung auf neue Produktionsmethoden zu spüren. Daß diese Bereitschaft weitgehend fehlt, hängt nicht zuletzt mit der in § 11 festgestellten Resignation gegenüber den Aussichten landwirtschaftlicher Betätigung überhaupt zusammen. Es soll jedoch keineswegs die Bedeutung einer in jedem Dorf vorhandenen fortschrittlichen Minderheit tüchtiger, gemeinschaftsverbundener junger Bauern unterschätzt werden, die sich anschicken, die Verbesserung der Produktionsmethoden zu organisieren.

Es bleibt zu untersuchen, wie weit das Gewinnmotiv, die Anziehungskraft des Geldverdienens, die große Bereitschaft zur Industriearbeit erklärt und wie weit diese Anziehungskraft in Wirklichkeit von dem Bedarf nach Konsumgütern ausgeht, die man mit diesem Geld kaufen kann.

Die Beispielsabhängigkeit der Konsumansprüche

„Die Aufgabe, den Lebensstandard zu erhöhen, ist zunächst die Aufgabe, den Leuten solche Dinge wichtig erscheinen zu lassen, die einen höheren Lebensstandard ausmachen, so daß sie gewisse Opfer dafür bringen, um sie zu erlangen[7]." Die Tatsache, daß mehr Geld allgemein mit einer Verbesserung der Lage synonym ist, sagt zwar, da wir die große Bereitschaft zur Industriearbeit kennen, schon etwas über die Wirksamkeit des Erwerbsmotivs aus, beweist also schon, daß die Einheimischen bis zu einem gewissen Grade ihre gewohnte Lebensweise aufgeben möchten, um Geld zu verdienen. Es bleibt jedoch noch zu

---
[6] *Lewis*, Die Theorie des wirtschaftlichen Wachstums, 23.
[7] *Whetten*, Rural Mexico, 370.

untersuchen, wie ein höheres Geldeinkommen verwendet werden würde, wie weit das Verlangen nach Geld auf ein hohes Anspruchsniveau zurückgeht, wie es *Whetten* vorschwebt. Würde die Landbevölkerung von Britisch-Honduras Opfer bringen, um einen höheren Konsumstandard verwirklichen zu können?

Könnten wir diese Frage, die Frage nach dem Charakter und der Stärke des — in der untersuchten Bevölkerung bereits nachgewiesenen — Erwerbsmotivs klären, dann könnten wir auch beurteilen, wie dauerhaft die ermittelte Bereitschaft zu industrieller Arbeit ist. Ist die Situation ähnlich wie in Rhodesien, wo die meisten einheimischen Arbeiter stets nur für kurze Zeiten und sporadisch auf ihrem Arbeitsplatz erscheinen, weil sie durch das Entgelt ihrer Arbeit nur zwar dringend fühlbare, aber sehr begrenzte Bedarfe kurzfristig decken wollen, und weil sie, wenn ihnen das gelungen ist, dem Arbeitsverdienst keinen Wert mehr beimessen[8]? „Wenn die Bedürfnisse begrenzt sind, so ist es nur natürlich, daß die Menschen auf höheren Lohn durch Verkürzung der Arbeitszeit reagieren... Kurzfristig hat ein Mensch definitive Vorstellungen von dem Lebensstandard, den er aufrechterhalten möchte... Auf die Dauer jedoch ist seine Vorstellung vom Lebensstandard anpassungsfähig[9]." In Rhodesien ist eine solche Anpassung noch nicht zu beobachten; die Gleichgültigkeit gegenüber Importgütern war nicht nur kurz nach der Kolonisierung anzutreffen, sondern setzt sich bis in die heutige Zeit fort.

Die Lage in Britisch-Honduras ist anders. Hier sind die Bauern bereits zu weit von der traditionellen Selbstversorgungswirtschaft entfernt, als daß sie nur einen sporadisch auftretenden Geldbedarf hätten. Weit mehr als nur ein geringfügiges Geldeinkommen wird benötigt, um das wahrgenommene Existenzminimum zu befriedigen[10]. Tee, Petroleum für Beleuchtung, Seife, Rasierklingen usw. sind nicht für das physische Existenzminimum erforderlich. Dennoch gehören sie zum sozialen Existenzminimum der untersuchten Landbevölkerung. Solange der Bauer sich diese als wesentlich betrachteten Dinge nicht leisten kann, wird er alles versuchen, sich das nötige Geld zu verschaffen, notfalls durch Industriearbeit.

Dieser Schluß stimmt mit der Beobachtung von *Moore* überein, daß alte Peasant-Gesellschaften, in denen eine, wenn auch nur schwach ausgeprägte Geldwirtschaft schon mehrere Generationen besteht, auf finanzielle Arbeitsanreize viel stärker reagieren als Gesellschaften, die erst im Verlauf des Entwicklungsprozesses mit Staatsgeld bekanntwerden.

---

[8] *Barber*, Economic Rationality and Behavior Patterns in an Underdevelped Area, 237.
[9] *Lewis*, Die Theorie des wirtschaftlichen Wachstums, 25.
[10] Die Durchschnittsfamilie dürfte etwa BH — $ 8,— = DM 22,— wöchentlich benötigen. Vgl. auch Tabelle 1 im Text (§ 9).

§ 12 Motivation

Der potentielle Industriearbeiter, der bereits ein wenig mit Geld vertraut ist, „braucht seine Einstellungen nicht grundsätzlich zu ändern, um an dem Arbeitslohn als solchem interessiert zu sein, obgleich ein geringer finanzieller Vorteil nicht ausreichen dürfte, die mit einem Berufswechsel verbundenen Opfer zu kompensieren"[11].

Wie hoch, verglichen mit den vorhandenen Mitteln, die Ansprüche sind, wie wenig die vorhandene Erwerbsmotivation von den spärlichen Arbeitsmöglichkeiten ausgenutzt wird, zeigen die Antworten auf die Frage nach den von den Befragten für notwendig gehaltenen Geldausgaben. Fast zwei Drittel der Befragten würden doppelt soviel Haushaltsgeld benötigen. Das ist ein eindeutiger Beleg für die Vielzahl der unerfüllten Wünsche in Britisch-Honduras. Wie „dringlich" diese sind, kann aus der Tatsache geschlossen werden, daß die Hälfte der

Tabelle 5

Alle Befragten mit eigenem Haushalt

Die meisten Haushaltsvorstände würden mehr als das Doppelte ihrer gegenwärtigen Ausgaben für ein angemessenes Leben benötigen, besonders für mehr und bessere Nahrung

Frage 29: a) „Wieviel Geld in der Woche würden Sie für einen angemessenen Lebensstandard benötigen?"

b) (Wenn mehr, als der Befragte zur Zeit tatsächlich zur Verfügung hat): „Wofür würden Sie das zusätzliche Geld ausgeben?"

	benötigt			Befragter würde das Geld verwenden				Basis	
	weniger als doppelt so viel wie z. Zt.	doppelt so viel oder mehr	nicht ermittelt (a	nur für Nahrung	u. a. für Nahrung	nicht für Nahrung	nicht ermittelt		
	%	%	%	%	%	%	%		
Alle Befragten	30	64	6	44	38	12	6	100 %	159
San Felipe	50	40	10	61	29	—	10	100 %	42
Yo Creek	21	69	10	62	22	6	10	100 %	34
Hopkins	12	88	—	12	49	39	—	100 %	34
Rockstone Pond	33	63	4	51	39	6	4	100 %	49
16—24 Jahre ..	47	53	—	27	40	33	—	100 %	15
25—39 Jahre ..	24	67	9	42	32	17	9	100 %	47
40—54 Jahre .	23	69	8	54	33	5	8	100 %	42
55 Jahre u. älter	35	61	4	51	40	5	4	100 %	55

a) enthält auch zwei Befragte, die ihr gegenwärtiges Haushaltsgeld als hinreichend bezeichnen

---

[11] *Moore,* Industrialization and Labor, 84.

Befragten auf die Frage, wie sie das zusätzliche Geld verwenden würden, ausschließlich Essen nennen. Nur 12 % erwähnen Essen überhaupt nicht. Es ist nicht weiter verwunderlich, daß die allerbedürftigsten Haushalte solche sind, deren Ernährer sich in mittlerem Alter befinden, hier handelt es sich nämlich um die größten Familien.

Das Ergebnis deutet auf die weit über den gegenwärtigen Lebensstandard hinausgehenden Ansprüche hin, auf Ansprüche, die nur mit Geld befriedigt werden können. Die Marge der unbefriedigten Konsumansprüche ist so groß, daß sie selbst durch ein beträchtliches zusätzliches Geldeinkommen nicht erschöpft werden kann.

Man darf jedoch keineswegs vergessen, daß es sich hier nicht um eine neue Art von Ansprüchen handelte, nicht um Ansprüche auf die Attribute städtischer Zivilisation. Nicht eine neue Lebensweise beherrscht die Vorstellung, sondern die gewohnte Lebensweise in einer reichlicheren Ausführung. Nichts anderes, nicht einmal besseres wird gewünscht; lediglich mehr von dem bereits Vorhandenen: mehr Zucker, mehr Tee, mehr Büchsenmilch und mehr Fleisch. Obgleich die Bauern nicht buchstäblich hungrig sind, befinden sie sich doch noch hart am Rande des Elends. Sie wissen, daß jede Krankheit, jede Mißernte, jeder Wirbelsturm sie ruinieren kann. Zwar haben sie in den letzten Jahren Fortschritte gemacht, aber sie haben ihre gewohnte Lebensweise noch nicht hinreichend konsolidiert, um sich nach einer neuen umzuschauen. Selbst wenn sie mehr Geld verdienen würden, würden sie es im wesentlichen für Essen ausgeben, vielleicht auf die Dauer auch noch für in ihrem Dorf bereits vertretene dauerhafte Konsumgüter wie Radio, Wecker, Nähmaschine. Ihr Ausblick gegenüber dem Konsum ist defensiv, sie erstreben nicht so sehr märchenhafte Neuerungen wie Autos und Kühlschränke, nicht einmal ein Steinhaus mit mehreren Räumen und WC oder auch nur ein Bett für jeden in ihrer Familie, als vielmehr ein wenig mehr Sicherheit gegenüber den Wechselfällen des Lebens. Die Vergrößerung ihres Schweine- und Rinderbestandes — wobei das Vieh weniger als produktive Anlage, als vielmehr als Reserve, als Sparkasse betrachtet wird[12] — leuchtet ihnen weit eher ein als die Umstellung auf eine neue ungewohnte Lebensweise, auf neue Formen des Konsums.

Von dieser Seite her rückt die im vorigen Abschnitt behandelte so überaus häufige Erwähnung von „Geld" als einem Allheilmittel für Schwierigkeiten in ein neues Licht. Oben hatten wir festgestellt, daß die Nennung „Geld" meist nur eine vage Vorstellung von den Ursachen der bestehenden Armut verriet und von dem weniger aktiven Teil der Bevölkerung stammte; hier kommen wir zu dem Ergebnis, daß der Wunsch nach Geld keineswegs das Streben nach einer anderen Lebensweise, nach neuen, ungewohnten Konsumgegenständen repräsentiert.

---

[12] Vgl. § 9.

§ 12 Motivation

Wie ist dieser auffällige Realismus, die Beschränkung der Ansprüche auf das Naheliegende zu erklären angesichts der recht guten Information über die Lebensweise der Städter und sogar der Menschen in den Industrieländern, einer Information, die durch Besucher aus England und den Vereinigten Staaten, durch Reisen in die Stadt, durch die Schulerziehung, durch das Radio und sogar durch Illustrierte verbreitet wird?

Daß die Ansprüche der Ärmeren in den einzelnen Dörfern nur bis zu dem Lebensstandard der Wohlhabenderen reichen[13], ist nicht weiter verwunderlich. Auch die letzteren jedoch sind weitgehend zufrieden mit ihrem relativ guten Leben. Auch sie verlockt keineswegs eine neue, eine andere Lebensweise. Auch sie benutzen ihren Wohlstand nicht dazu, Steinhäuser zu bauen, Betten mit einer Sprungmatratze zu kaufen, sich einen Küchenherd, ein WC anzuschaffen oder ihren Speisezettel durch Feinkostkonserven zu bereichern. Für sie wird die Vergrößerung ihrer Rinderherden, die Ansammlung und das automatische Wachstum ihres Wohlstandes Selbstzweck.

Hier wird deutlich, daß Information über ein neues Leben, und sei sie so massiv wie in den Dörfern von Britisch-Honduras, nicht ausreicht, um neue Maßstäbe zu schaffen. Nur Beispiele können hier Änderung schaffen. Es leben keine Familien unter den Bauern, die mehr als zwei Räume in ihren Häusern haben, die in von ihren Kindern getrennten Räumen schlafen, die einen Küchenherd haben, die versuchen, eine vielseitige Kost zu bereiten. Bevor die neuen Maßstäbe sich bei der Bevölkerung durchsetzen können, müssen sie erst in ihrer Mitte praktiziert werden[14].

Prüfen wir nun dieses Ergebnis anhand der wenigen bekannten empirischen Untersuchungen über die Determinanten von Konsumansprüchen in Entwicklungsländern.

Bei seinen ethnologischen Untersuchungen einer Dorfgemeinschaft in Guatemala beobachtete *Tax* trotz dauernden und ausgiebigen Kontaktes grundverschiedene Konsumgewohnheiten bei Indianern einerseits und den sog. Ladinos[15] andererseits, zwei Schichten innerhalb einer Gesellschaft[16]. Wenn ein Indianer wohlhabender wird, wird er sich mehr von solchen Gegenständen kaufen, die er bereits kennt und benutzt. Obgleich er die differenzierteren Konsumgewohnheiten der Ladinos aus

---

[13] Vgl. Tabelle 13 im Anhang; 43 % der Bauern betrachten 9 von 11 ihnen vorgelegten, meist nur von einer Minderheit im Dorf besessenen Konsumgegenständen als notwendig für einen angemessenen Lebensstandard.
[14] Diese Erkenntnis deckt sich mit dem Ergebnis einer Untersuchung der Kaufentscheidung bei der Anschaffung von Fernsehgeräten in Deutschland. Vgl. *Goetz*, Einflüsse der Nachbarschaft auf den Kaufentschluß, passim.
[15] *Tax*, Sol, Penny Capitalism, passim.
[16] Die Ladinos fühlen sich als kulturelle Erben der Conquistadores und anderer europäischer Einwanderer. Ihre Hautfarbe ist überwiegend heller als die der Indios.

eigener Anschauung kennt, orientieren sich seine Ansprüche lediglich an dem begrenzten Lebensstandard seiner eigenen Gruppe. Die Eigenschaft des Konsumgutes als Symbol der Gruppenzugehörigkeit[17] verhindert hier seine Ausbreitung.

Während die Konsumansprüche der von *Tax* beschriebenen indianischen Bevölkerung, die mit einigen der in Britisch-Honduras untersuchten Gruppen ethnisch verwandt ist, sich offenbar nur langsam an vergrößerte finanzielle Möglichkeiten anpassen, ist der Einwohner von Puerto Rico keineswegs für sein ganzes Leben auf die Konsumgewohnheiten seiner Gruppe festgelegt. Konsumstandards sind vielmehr „instruments of effecting mobility". Ein höherer Lebensstandard ist in diesem in rapidem sozialen Wandel begriffenen Land gewissermaßen die Eintrittskarte in eine höhere Statusgruppe[18]. Dementsprechend sind die Konsumansprüche, soweit sie sich auf neue, bisher unbekannte Produkte erstrecken, den Befriedigungsmöglichkeiten weit voraus[19].

Die individuellen Determinanten von Konsumansprüchen

Diese Ausführungen bestätigen, daß höhere Konsumansprüche weder mit steigendem Einkommen noch im Gefolge massiver Informationen über Formen des modernen Konsums automatisch entstehen, sondern daß die Veränderungen des Anspruchsniveaus weitgehend von der Sozialstruktur einer Gesellschaft oder einer Gruppe determiniert werden.

Es soll nun versucht werden, zusätzlich zu dieser soziologisch-kulturvergleichenden Betrachtungsweise das Problem auch auf der individuellen Ebene zu behandeln. Wie lassen sich die Bauern beschreiben, die relativ hohe Anforderungen an das Leben stellen? Im Einklang mit den im ersten Teil aufgestellten Hypothesen[20] kann man erwarten, daß intensiver Kontakt mit der modernen Zivilisation Konsumansprüche entstehen läßt. Die Bauern, die zur Schule gegangen sind und von Lehrern aus der Stadt lesen und schreiben gelernt haben, werden wahrscheinlich höhere Konsumansprüche haben als die Analphabeten. In ähnlicher Weise kann eine Korrelation zwischen Konsumansprüchen und Bewußtseinswandel vorausgesagt werden. Diejenigen Dorfbewohner, die die Veränderungen in der Welt von heute wahrnehmen, die die traditionelle Vorstellung von der Unveränderlichkeit der bestehenden Verhältnisse aufgegeben haben, werden wahrscheinlich mehr Konsumansprüche haben als diejenigen ihrer Mitbürger, die noch dem überkommenen Denken verhaftet sind. Ähnlich dürfte der aufkommende

---
[17] *Tax*, Sol, Changing Consumption in Indian Guatemala, 228.
[18] *Rottenberg*, Consumption Choices and Economic Change: The Case of Puerto Rico, 249.
[19] *Rottenberg*, ebenda.
[20] Vgl. § 6.

§ 12 Motivation

Patriotismus, wenn er wirklich, wie im ersten Teil beschrieben, ein Indikator für die allmähliche Zerstörung der traditionellen dörflichen Wirtschafts- und Sozialstruktur ist, sich positiv auf Konsumansprüche auswirken.

Um diese Frage zu untersuchen, wurde das Anspruchsniveau jedes einzelnen Befragten dadurch ermittelt, daß ihm vom Interviewer Bilder von ausgewählten dauerhaften Konsumgütern mit der Frage übergeben wurden, welche der Gegenstände er als notwendig für eine gute, angemessene[21] Lebensweise betrachte. Die Befragten wurden eingestuft nach der Anzahl der Gegenstände, die sie erstrebten bzw. besaßen.

Da sich, wie im vorigen Abschnitt gezeigt wurde, die Konsumansprüche der Bauern auf die bereits bei den wohlhabenderen Dorfbewohnern sichtbare Lebensweise beschränken, konnten natürlich nur solche Gegenstände zur Definition des Anspruchsniveaus herangezogen werden[22], die zwar einerseits nicht zu den absoluten Notwendigkeiten des Lebens in den untersuchten Dörfern gehören, andererseits aber — mit der Ausnahme des Autos — in den Dörfern bereits vertreten sind, wenn auch — mit Ausnahme des Pferdes — nur bei einer meist kleinen Minderheit der Haushalte.

In den untersuchten Dörfern korreliert Kontakt mit der Zivilisation sehr stark mit dem Alter, besonders im Hinblick auf den wichtigsten Agenten dieses Kontaktes, nämlich die Schulerziehung, die in allen Dörfern vor 10—25 Jahren eingeführt wurde und daher bei den meisten Bauern unter 40 ihre Spuren hinterlassen hat, während die Älteren fast nie lesen und schreiben können. Die Jüngeren haben deutlich höhere Ansprüche als die Älteren (Tabelle 13 im Anhang). Mehr als die Hälfte von ihnen betrachten nur höchstens zwei der elf Gegenstände als entbehrlich für ein angemessenes Leben, während nur wenig mehr als ein Drittel der älteren Generation, obgleich hier der faktische Lebensstandard höher ist[23], ein hohes Anspruchsniveau hat.

Die nächste Auszählung in Tabelle 13 zeigt eine deutliche Korrelation zwischen Zuversicht gegenüber der Zukunft und Konsumansprüchen. Dieser aufschlußreiche Zusammenhang muß zusammen mit dem Ergebnis von § 10 gesehen werden. Dort hatten wir festgestellt, daß Pessimismus im Hinblick auf die Zeit nach 10 bis 15 Jahren (Frage 6) keineswegs mit der Bereitschaft zu Veränderungen einhergeht, sondern

---

[21] Englische Fassung: „for a decent life", spanische Fassung: „para una vida regular" (vgl. Frage 3).
[22] Haus (hochgebaut aus Brettern), Kuh, Wecker, Tank für Regenwasser, Pferd, Radio, Fahrrad, Schmuck, Küchenherd, Füllfederhalter, Auto.
[23] Da die bereits besessenen Gegenstände in die Definition des Anspruchsniveaus einbezogen werden mußten, haben die Wohlhabenderen von vornherein eine bessere Ausgangsposition für eine höhere Einstufung.

eher auf ein passives Sich-Fügen in die Unabänderlichkeit der gegenwärtigen Armut hindeutete[24].

Hier stellen wir nun fest, daß den Pessimisten die Bereitschaft zur Veränderung nicht als Folge der Enttäuschung darüber fehlt, daß sich ihnen keine Gelegenheiten zur Veränderung bieten, sondern daß es ihnen bereits an der Motivation, an den Wünschen mangelt, daß sie durch den Lohn der Veränderung nicht sonderlich verlockt werden.

Wäre der Pessimismus das Ergebnis enttäuschter Hoffnungen und Erwartungen oder die Folge einer zu großen Lücke zwischen den Wünschen und der Realität, dann wären die Pessimisten unter den Armen, aber Anspruchsvollen zu finden. Statt dessen scheint sich eine entmutigte Grundhaltung dann zu bilden, wenn keine verlockenden Ziele da sind, wenn man nicht allzuviel Sinn in einer Verbesserung sieht, auch wenn sie möglich wäre. Die Pessimisten sind mehr die Traditionalisten, die die mannigfachen Veränderungen der Zeit, in der sie leben, am wenigsten wahrgenommen haben; sie sind mehr gleichgültig als enttäuscht.

Auch die Korrelation zwischen dem Wunsch nach Unabhängigkeit für die Kolonie und Konsumansprüchen deutet darauf hin, daß die Veränderungen der Motivation des wirtschaftlichen Verhaltens nur einen Aspekt der in Gang befindlichen Umstrukturierung des Denkens in den untersuchten Dörfern darstellen. Wer sich für seine gerade dem Kolonialismus entwachsende Nation begeistert, knüpft an diesen Übergang hohe Erwartungen, die sich nicht zuletzt auf wirtschaftliches Vorwärtskommen und „besseres Leben" beziehen, wie utopisch solche Erwartungen auch immer sein mögen.

Die Kumulation der Konsumansprüche bei dem aktiven Bevölkerungsteil

Neben diesem Zusammenhang zwischen den Zivilisationseinflüssen, dem Bewußtseinswandel und den Konsumansprüchen ist die Wirkung der Motivation auf das Verhalten zu erörtern. Äußern sich die höheren Ansprüche an das Leben in einer Aktivierung des Erwerbsgeistes, bringen Personen mit größeren Wünschen auch durch härtere Arbeit oder durch die Veränderung ihrer Lebensweise für die Erfüllung dieser Wünsche Opfer?

Konsumansprüche führen nämlich keineswegs automatisch zu einer produktiven Veränderung des wirtschaftlichen Verhaltens. Vielmehr können sie sich auch in einer Verminderung des Sparens oder gar in einem Anstieg des Bettelwesens, der Konsumverschuldung oder

---

[24] Vgl. Anhang Tabelle 11.

§ 12 Motivation

des Diebstahls äußern[25]. Nur dann, wenn das Geld für den zusätzlichen Konsum durch eine Erhöhung des individuellen Arbeitseinkommens gewonnen wurde, ohne daß andere Beschäftigte eine Einkommensbuße erlitten haben, können Konsumansprüche eine stimulierende Wirkung auf den wirtschaftlichen Fortschritt haben. Die makroökonomischen Konsequenzen von Veränderungen der Konsumansprüche sind indessen noch praktisch unerforscht[26].

In Puerto Rico wirkt sich laut *Rottenberg* das hohe Anspruchsniveau vorteilhaft auf wirtschaftliches Wachstum aus. So sollen sich z. B. Arbeiter mit Ratenschulden durch Pünktlichkeit und besonders verantwortungsvolle Mitarbeiter auszeichnen[27].

Auch für Britisch-Honduras scheint sich dieser Zusammenhang zu bestätigen (Tabelle 13 im Anhang). Daß die Bauern mit hohen Konsumansprüchen überdurchschnittlich mobil, d. h. gegenüber örtlichen wie auch beruflichen Veränderungen besonders aufgeschlossen sind, ist zwar schon ein Anhaltspunkt für diesen Zusammenhang, aber noch kein Beweis. Eindeutige Belege für unsere Hypothese von einer engen Beziehung zwischen Ansprüchen und dem Verhalten liefern jedoch die nächsten Auszählungen in Tabelle 13. Die geäußerte Bereitschaft zur Veränderung des wirtschaftlichen Verhaltens wäre ja dann weniger glaubhaft, wenn der Befragte es versäumt, im Rahmen seiner Möglichkeiten die erstrebten Gegenstände durch harte Arbeit zu erwerben. Da Fleiß als eine von mehreren Voraussetzungen des wirtschaftlichen Wachstums zu betrachten ist, wurden anhand voneinander unabhängiger Angaben mehrerer einheimischer Informanden die meisten Befragten hinsichtlich dieser Persönlichkeitseigenschaft — wobei von Faktoren, die nicht in der Macht des einzelnen liegen, wie Alter, Gesundheitszustand und Arbeitsmöglichkeiten, bewußt abstrahiert wurde — bewertet. In der Tat haben die Bauern, die als „sehr fleißig" eingestuft wurden, überwiegend hohe Konsumansprüche, im Gegensatz zu denjenigen, die als „weniger fleißig" gelten. Weiterhin erwiesen sich die Befragten mit hohen Konsumansprüchen zu einem weit überdurchschnittlichen Prozentsatz als Mitglieder des Kreditvereins. Wo ein Kreditverein besteht, kann er als die Keimzelle einer Genossenschaft betrachtet werden. Seine Mitglieder rekrutieren sich vor allem aus den Reihen der Bauern, die bereits erkannt haben, daß die bloße Selbstversorgungslandwirtschaft keine Zukunft mehr hat, die nach neuen Formen der Zusammenarbeit suchen, die willens sind, Risiken zu übernehmen und neues auszuprobieren. Auch hier bestätigt sich, daß die Aktiven, Ge-

---

[25] *Clark*, Comments on Changing Consumption in Indian Guatemala, 239 f.
[26] *Du Bois*, Discussion of Tax and Rottenberg Papers, 259.
[27] *Rottenberg*, Consumption Choices and Economic Change: The Case of Puerto Rico, 249 f.

meinschaftsbewußten, Schöpferischen anspruchsvoll sind und nicht so sehr zu realistischer Selbstbeschränkung neigen[28].

Zusammenfassung

Die Motivation des wirtschaftlichen Verhaltens wurde in dieser Arbeit als intervenierende Variable aufgefaßt. Zwar können die Veränderungen des wirtschaftlichen Verhaltens im Entwicklungsprozeß auch unmittelbar im Zusammenhang mit dem Bewußtseinswandel, mit den säkularen Verschiebungen der Lebensgrundlagen gesehen werden; wir versuchten das bei der Behandlung der Mobilität (§ 11). Informationen über die Motivation und deren Wandel erlauben es jedoch, die Analyse zu verfeinern und zu vertiefen.

Der in den untersuchten Dörfern unüberhörbare Ruf nach Geld als Allheilmittel für die von allen als unbefriedigend empfundene[29] Situation darf keineswegs schon als Beleg für die Wirksamkeit des Erwerbsmotivs betrachtet werden. Vielmehr stellte die Betonung des Geldmangels häufig genug nur eine vage Verlegenheitsantwort auf die Frage nach den Hauptproblemen dar, eine Antwort, die von den Befragten überwiegend nicht spezifiziert werden konnte. Es stellte sich heraus, daß gerade die Jüngeren, die Aktiveren und die Bewohner der Dörfer mit dem größeren Vertrauen in die Zukunft weniger den Geldmangel beklagen als vielmehr das Fehlen besserer Lebens- und Arbeitsvoraussetzungen, von Maschinen und Arbeitsgelegenheiten. Sie nannten öfter die Ursachen als die Symptome für ihre schlechte Lage.

Würden die Bauern von Britisch-Honduras, die ja weitgehend geneigt sind, in der Industrie zu arbeiten, die nichtlandwirtschaftliche Beschäftigung nur vorübergehend, unregelmäßig ausüben wie die aus der Landwirtschaft rekrutierten Industriearbeiter einiger unterentwickelter Länder? Dies ist im wesentlichen die Frage nach der Höhe und der Stabilität ihrer Konsumansprüche, insbesondere nach der Einkommenselastizität solcher Ansprüche. Hierzu stellten wir fest, daß die Landbevölkerung von Britisch-Honduras hinreichend in die Geldwirtschaft integriert ist, um einen nicht unbeträchtlichen stabilen Bedarf für nur mit Geld beschaffbare Gegenstände des täglichen Konsums zu haben, einen Bedarf, der weithin unbefriedigt ist. Dennoch darf der Ruf nach

---

[28] Vgl. auch Anhang Tabelle 14, wo der hier interpretierte Zusammenhang daraufhin geprüft wird, ob es sich nur um eine Scheinkorrelation handelt, d. h. ob die Anspruchsvollen nur deshalb überdurchschnittlich häufig optimistisch sind, weil sie sich wie die Optimisten überwiegend aus den Reihen der Jüngeren rekrutieren. Es stellt sich dort heraus, daß die Korrelation zwischen den Konsumansprüchen und den aufgeführten Einstellungen und Verhaltensweisen auch dann besteht, wenn die Einflußgröße Alter ausgeschaltet worden ist.
[29] Vgl. Tab. 4 im Anhang.

Geld auch nicht als Indiz für städtisch-zivilisierte Konsumansprüche gesehen werden. Obgleich die städtische Lebensweise keineswegs unbekannt ist, beschränken sich die Ansprüche der Dorfbewohner auf Gegenstände, die im Dorf bereits vertreten sind. Daß die Verbreitung neuer Konsumansprüche Beispiele, nicht nur Information voraussetzt, zeigte sich besonders bei den wohlhabenderen Dorfbewohnern, die ihren Wohlstand kaum zur Verbesserung ihres Lebensstandards nutzen, sondern ihn vorwiegend in Form von Vieh thesaurieren.

Unter den gegenwärtigen Umständen kann also noch nicht davon die Rede sein, daß die starke Neigung zur Industriearbeit mit dem Streben nach einem neuen, besseren Leben einherginge. Die Wohlhabenden begnügen sich weitgehend mit ihrem derzeitigen Konsumniveau, und die Armen orientieren sich an dem Lebensstandard der Wohlhabenderen. Diese Erkenntnis stimmt mit einem Ergebnis unserer Analyse der Mobilität (§ 12) überein. Dort fanden wir, daß die Stadt keine besondere Anziehungskraft auf die Landbevölkerung ausübt.

Die besonders von Kurt *Lewin* entwickelte psychologische Theorie des steigenden Anspruchsniveaus[30] geht davon aus, daß Ansprüche im Gleichschritt mit dem Erfolg wachsen und mit Mißerfolg abnehmen. Die hier dargestellten Ergebnisse legen die Vermutung nahe, daß dieser allgemeine Zusammenhang, zumindest was das Verhältnis zwischen wirtschaftlichem Erfolg und Konsumansprüchen betrifft, durch die Ergebnisse der Gruppenforschung modifiziert werden muß. Gruppenstandards setzen nämlich offenbar den Rahmen, innerhalb dessen sich die Wechselwirkung zwischen Konsumansprüchen und Einkommensveränderungen abspielt. Darüber hinaus aber deutet die schlagende Diskrepanz zwischen den Erwartungen für das Leben und den realen Verhältnissen ebenso wie der signifikante Zusammenhang zwischen dem Bewußtseinswandel und den Konsumansprüchen darauf hin, daß solche Ansprüche auch unabhängig vom „Erfolg", genauer: von der Verbesserung der Situation entstehen können. Das gilt sowohl für die untersuchte Dorfgemeinschaft als ganzer wie auch für die individuelle Ebene; die im Durchschnitt schlechter situierten jungen Befragten haben deutlich höhere Ansprüche als die wohlhabenderen älteren.

Die dargestellten Ergebnisse zeigen, daß bei der Analyse der Ausbreitung von Konsumansprüchen sorgfältig unterschieden werden müssen

a) Ansprüche auf Gegenstände, die beim Individuum oder in seinem Haushalt bereits vorhanden sind, aber von denen man mehr zu haben wünscht,

b) Ansprüche auf Gegenstände, die nicht beim einzelnen vertreten sind, wohl aber in seiner sozialen Gruppe,

---

[30] Vgl. *Lewin* und andere, Level of Aspiration, passim.

c) Ansprüche auf Gegenstände, die weder beim Individuum noch in seiner sozialen Gruppe vorhanden sind.

Die unter a) und b) genannten Konsumansprüche sind offenbar anpassungsfähiger und leichter beeinflußbar als die Wünsche nach den unter c) beschriebenen Konsumgütern, deren Kenntnis allenfalls durch auswärtige Besucher, durch Schulerziehung oder durch Massenkommunikationsmittel wie Radio oder Illustrierte verbreitet wird, deren Besitz aber nicht Bestandteil der Gruppennorm ist.

§ 13 Ergebnis

Die Landbevölkerung von Britisch-Honduras befindet sich in einem eigentümlichen Zwischenstadium des sozio-ökonomischen Wandels. Trotz außerordentlich starker von außen induzierter Veränderungen ist von einer nennenswerten Umstellung der traditionellen landwirtschaftlichen Produktionsmethoden und von einer Veränderung des wirtschaftlichen Verhaltens kaum etwas zu bemerken. Während qualifizierte Lehrer die Kinder nicht nur lesen und schreiben, sondern auch ein Gutteil Wissen über die große Welt, besonders über die industriellen Länder lehren, ziehen die Väter noch immer beinahe nomadenhaft auf ein jährlich wechselndes Stück „Milpa", um dort wie ihre Vorfahren den Busch zu schlagen und abzubrennen. Während das Radio gründliche Informationen über die politischen Geschehnisse des Tages verbreitet und den Bauern tagtäglich ihre relative Armut vor Augen führt, sind Axt und Machete noch immer die einzigen landwirtschaftlichen „Maschinen".

Zwar hat sich der Lebensstandard in den letzten 10 Jahren erhöht; die Erlöse sind gestiegen, und auch die Ernten sind dank der Beratung der Regierung trotz der im ganzen unveränderten Technik höher geworden. Beträchtliche soziale Verbesserungen wurden eingeführt: Regierungshilfe in besonderen Krankheitsfällen, Sammelstellen für einwandfreies Wasser zum Gemeindegebrauch, hygienische Latrinen und anderes mehr. Eine gewisse Anzahl von Arbeitsplätzen in der Industrie wurde geschaffen. Dennoch stehen all diese recht peripheren Änderungen der Lebensweise in einem krassen Mißverhältnis zu der Revolution des Bewußtseins, daß sich mit dem Eindringen der Zivilisation vollzogen hat.

Wer lesen und schreiben kann, taugt einfach nicht mehr zur Bewirtschaftung der primitiven Milpa, eine Tätigkeit, die weiter nichts als Kraft und Ausdauer erfordert. Wer in der „Stimme Amerikas" von dem Problem des Nahrungsmittelüberschusses in den Vereinigten Staaten hört, kann nicht mehr mit seinem harten und dabei vergleichsweise unproduktiven Kleinbauerndasein zufrieden sein. Wem durch den Landesrundfunk planmäßig seine Zugehörigkeit zu einem größeren Verband, zur Nation verkündet wird, der wartet auf eine Funktion, die er in dieser neuen Gemeinschaft übernehmen kann, der beginnt zu fühlen, daß er mit seiner Selbstversorgungswirtschaft und ihrer nur schwachen Verflechtung mit dem Markt auf verlorenem Posten steht.

Das Dilemma der Situation besteht nun darin, daß kein Ventil für eine konstruktive Unzufriedenheit vorhanden ist: es fehlt an Gelegenheiten zur Änderung des wirtschaftlichen Verhaltens. Wer seine Landwirtschaft verbessert und von der Selbstversorgung als Planungsgrundlage abgeht, um statt dessen im wesentlichen für den Markt zu produzieren, muß bald entdecken, daß seine Ernte mangels Absatzmöglichkeiten verkommt; wer in die Stadt zieht, um dort sein Glück zu machen, findet sich als Arbeitsloser wieder. Lediglich die Polizei und der Lehrerberuf bieten Chancen für einen begrenzten Personenkreis.

Dieser Mangel an Gelegenheiten wird von dem jüngeren, aktiveren Bevölkerungsteil schmerzlich empfunden. Dies äußert sich in der Skepsis gegenüber dem eigenen Beruf, in der weit verbreiteten Neigung zur Industriearbeit (§ 11) und, allgemeiner, in der durchweg geäußerten Unzufriedenheit mit der gegenwärtigen Lage (§ 10). Die Stadt als Ort zum Leben übt jedoch keine Anziehungskraft auf die Bauern aus (§ 11), ebensowenig wie diese von städtisch-zivilisierten Konsumansprüchen ergriffen sind (§ 12).

Die Landbevölkerung von Britisch-Honduras ist zu einem hohen Prozentsatz außerordentlich beweglich, d. h. willens, vorhandene Möglichkeiten zur Verbesserung ihrer Lage, und seien sie mit einer Veränderung ihrer Arbeits- und Lebensweise verbunden, auszunutzen. Diese Beweglichkeit geht deutlich erkennbar von den starken Einflüssen der in die Dörfer importierten Zivilisation auf die Bewußtseinsstruktur und auf die Motivation des wirtschaftlichen Verhaltens aus.

Der Prozeß des Abschüttelns der traditionellen geistigen Bindungen hat nicht nur nationale Opferbereitschaft und Streben nach sozialem Aufstieg freigesetzt, sondern auch das individuelle Erwerbsstreben. Die Verfügbarkeit von Geld gilt als Maßstab für die Verbesserung der Situation; viele Wünsche nach einer reichlicheren Versorgung mit den bereits in den Dörfern vertretenen Konsumgütern gestatten die Prognose, daß der Bauer von Britisch-Honduras ein einmal begonnenes Arbeitsverhältnis in der Industrie als langfristig ansehen und durchhalten würde, um so mehr, als sich die beweglicheren Bauern als die anspruchsvolleren erwiesen (§ 12).

Handelt es sich lediglich um die Frage, ob sich im Falle eines Aufbaues von neuen Industrien in Britisch-Honduras ein genügend großer Stamm von Arbeitskräften aus der ländlichen Bevölkerung rekrutieren ließe, so können wir also auf Grund unserer Ergebnisse getrost eine positive Prognose geben. Etwas schwieriger ist dagegen die Beantwortung der stärker sozialpolitisch gefärbten Fragestellung: welche Maßnahmen sind erforderlich, um die in diesem eigentümlichen Zwischenstadium zwischen Enttäuschung und Hoffnung verharrende Bevölkerung wirtschaftlich zu entwickeln? Das hier gesteckte Ziel ist schon deshalb schwieriger zu erreichen, weil es die Mobilität nicht nur eines Teiles — des ohnehin aktiven Teiles — der Bevölkerung, sondern die der ganzen Bevölkerung voraussetzt.

Der Versuch, die Produktivität der Landwirtschaft und die Lebensbedingungen zu verbessern, ohne die Bauern zum Verlassen ihrer Dörfer zu bewegen, ist gescheitert. In Anbetracht der Eigentumsprobleme des Ackerlandes, der Transportschwierigkeiten und der viel zu weiten Entfernung Dorf — Milpa nimmt es nicht wunder, daß sich diese konservative Methode nicht als erfolgreich erwiesen hat.

Radikalere Lösungen müssen gefunden werden. Welche bieten sich an?

Zum einen könnte die Bevölkerung auf eigenes und besseres Land umgesiedelt werden, dorthin, wo bessere Transport- und Arbeitsbedingungen bestehen. Das Ackerland müßte vollständig gerodet und dann jährlich bebaut werden; die Wohnhäuser müßten sich inmitten des Landes befinden (vgl. § 11; Anhang Tabelle 10). Hierdurch würde sich von selbst eine enorme Produktionssteigerung ergeben, die den gesamten Ausblick, den Horizont der Bauern verändern würde: sie würden nicht mehr wie bisher im wesentlichen für die Selbstversorgung, sondern für den Markt produzieren.

Zum anderen könnte versucht werden, die berufliche Struktur der Landbevölkerung dadurch zu verändern, daß den Bauern Gelegenheiten zur Industriearbeit gegeben wird, ohne daß dabei die Dorfgemeinschaften, in denen sie zur Zeit leben, zerstört werden dürfen.

Die Ergebnisse dieser Untersuchung lassen eine Kombination beider Lösungen angezeigt erscheinen. Der Aufbau von ernteverarbeitenden Industrie, die nicht allzuweit von den Dörfern entfernt sind, wäre ein gewaltiger Fortschritt. Solche Industrien würden nicht nur die bitter benötigten Arbeitsmöglichkeiten schaffen und damit gleichzeitig einen Teil der kaum existenzfähigen landwirtschaftlichen Grenzbetriebe verschwinden lassen; sie würden auch den tüchtigeren und leistungsfähigeren Bauern neue Absatzmöglichkeiten bieten. Darüber hinaus würde in solchen Dörfern wie San Felipe die Lohnsklaverei[1] beseitigt wer-

---

[1] Vgl. § 9.

den, der Zwang für einen großen Teil der Bauern, für einen minimalen Lohn zu arbeiten.

Ein anderes Argument spricht für die Entwicklung einer Industrie. Seit vielen Generationen ist die Landbevölkerung von Britisch-Honduras, wie praktisch alle Bauernbevölkerungen in unterentwickelten Ländern, jeglicher Möglichkeiten beraubt, ihre geistigen und mechanischen Talente über den Rahmen der primitiv betriebenen Landwirtschaft hinaus zu nutzen. Während der Entwicklungsprozeß der industriellen Gesellschaften der Landbevölkerung Gelegenheit gab, ihre Anlagen in mannigfacher Weise zu entwickeln, sind solche Talente in einer rein agrarischen Gesellschaft ungenutzt und noch immer latent. Wie sehr die Bauern, besonders die fähigen und ehrgeizigen, den Mangel an Ausbildungsmöglichkeiten beklagen — sie sind bereits gut genug über die „Außenwelt" informiert — wird dem Beobachter unmittelbar klar und ergibt sich auch aus den Berufswünschen der Bauern für ihre Kinder (Anhang Tabelle 11).

Die Errichtung von ernteverarbeitenden Industrien müßte jedoch, bevor sie Bestandteil eines Entwicklungsprogramms wird, auch nach sozialpolitischen und Rentabilitäts-Gesichtspunkten geprüft werden, die leider hier nur anklingen können. Zwar besteht, wie *Hoselitz* betont, der Vorteil der ländlichen Industrialisierung darin, daß sie dort Arbeitsplätze schafft, wo die Leute bereits sind, und daß die hohen Zusatzkosten, die mit der Ansiedlung von Arbeitern in den Städten verbunden sind, nicht entstehen[2]. Demgegenüber weist *Moore*[3] auf einige Nachteile der ländlichen Dezentralisierung hin: die rein technische Leistungsfähigkeit mag leiden; der vereinzelte Arbeitgeber, der eine Art Monopolstellung hat, mag die Arbeiter aushungern; ein entmündigender Patriarchalismus mag sich breitmachen, was Selbstvertrauen und Unabhängigkeit beeinträchtigen müsse.

Diese Gefahren, so notwendig es ist, sie im Auge zu behalten, sind ganz gewiß nicht unabwendbar. Schwerwiegender sind die äußerst ungünstigen Terms of Trade, denen sich Britisch-Honduras ebenso wie so viele andere tropische Länder gegenübersieht. Es gibt zur Zeit kaum tropische landwirtschaftliche Produkte, für deren Verarbeitung rentable Industrien errichtet werden können. Überproduktion und Preisverfall kennzeichnen die Weltmarktsituation praktisch aller Produkte, auf die sich eine ländliche Industrialisierung von Britisch-Honduras stützen könnte: Kaffee, Bananen, Kakao, Zitrusfrüchte, Zucker, Kokosfett. Es liegt auf der Hand, daß das Fortbestehen dieser unglücklichen Relation zwischen Export- und Importpreisen ein verhängnisvolles Handikap für

---
[2] *Hoselitz*, Economic Growth and Rural Industrialization, zit. nach *McClelland*, The Achieving Society, 432.
[3] *Moore*, Primitives and Peasants in Industry, 49.

Länder ist, deren Wirtschaft so ausschließlich vom Außenhandel abhängt wie die von Britisch-Honduras[4].

Sollen die hier vorgeschlagenen Veränderungen der Lebens- und Arbeitsweise der Bevölkerung nicht erzwungen, sondern auf freiwilliger Basis durchgeführt werden, müssen wir uns zusammenfassend fragen, wie die untersuchte Bevölkerung auf entsprechende Möglichkeiten reagieren würde, wieweit sie in ihrer Mentalität auf grundsätzliche Umstellungen vorbereitet ist.

Zwar ist, wie wir gesehen haben[5], die Bevölkerung überwiegend an Industriearbeit interessiert (Anhang Tabelle 12), jedoch ist nur eine kleine Minderheit willens, das Dorf zu verlassen und zur Stadt zu emigrieren (Anhang Tabelle 8). Auch gegen eine Verbesserung der landwirtschaftlichen Produktionsverhältnisse durch Umsiedlung machen sich stärkere Widerstände bemerkbar[6]. Die meisten Bauern möchten das gemeinsame Leben mit den anderen Dorfbewohnern fortsetzen. Der Übergang zu einem anderen Beruf erscheint der untersuchten Bevölkerung als weniger drastisch als der Ortswechsel. Das Joch der schweren Arbeit in der Selbstversorgungs-Milpa wird als härter empfunden als die Entbehrungen der ärmlichen Lebensweise in den Dörfern. Es kommt freilich dazu, daß der Ertrag der landwirtschaftlichen Arbeit als unangemessen niedrig angesehen wird.

Eine Politik, die die hier vorgeschlagenen Maßnahmen durchführen wollte, hätte somit bei den Bauern selbst keineswegs eines ungünstigen Start. Zielt sie unmittelbar auf die gesamte Landbevölkerung ab und nicht nur auf den bereits jetzt beweglichen Teil, so muß sie jedoch die vorhandenen Widerstände, die Scheu vor Veränderungen, in Rechnung stellen und zu überwinden suchen. Diese noch verbreitete Scheu wird nur zu verständlich, wenn man sich vergegenwärtigt, wie tiefgehend der Fehlschlag einer harmlos aussehenden Veränderung die Lebensgrundlagen eines Bauern berührt, dessen Lebensstandard von dem Existenzminimum nicht sehr weit entfernt ist. Eine großangelegte Aufklärungsaktion könnte hier im Ernstfall viel ausrichten; wir haben gesehen, wie stark auf die Landbevölkerung im gegenwärtigen Stadium der sozialen Entwicklung Informationseinflüsse von außen wirken. Ferner müßte dafür Sorge getragen werden, daß die Dorfgemeinschaft trotz der Aussiedlung, wenn auch in lockererer Weise, bestehen bleiben kann.

Weniger problematisch hingegen ist die langfristige Umorientierung, die sich ja, wie wir verschiedentlich gesehen haben, als Generationenwandel innerhalb der untersuchten Bevölkerung so eindrucksvoll mani-

---
[4] Vgl. die Ausführungen über die Wirtschaft von Britisch-Honduras in § 8.
[5] Vgl. § 11.
[6] Vgl. § 11, Anhang Tabelle 9.

festiert. Die Jüngeren sind, nicht zuletzt dank der Schulerziehung, die sie genossen haben, die Aufgeschlosseneren, die Aktiveren und die Beweglicheren, und es ist kein Zweifel, daß sich diese Eigenschaften in dem Maße ausbreiten werden, in dem die Schulerziehung immer weitere Altersschichten erfaßt. Sollte jedoch darüber hinaus die Bereitschaft zu Veränderungen gesteigert werden, so mag es sich empfehlen, ein höheres Geldeinkommen durch bewußt erzeugte Konsumansprüche attraktiv zu machen. Es hat sich freilich ergeben[7], daß einfache Information über eine städtisch-zivilisierte Lebensweise unwirksam ist; nur Kontakte mit dieser Lebensweise und Beispiele von Personen, die dieses neue Leben inmitten der Bevölkerung praktizieren, können hier ansteckend wirken.

Es ist bereits abzusehen, daß diese günstigen Voraussetzungen für die Teilnahme der Bevölkerung an einem Entwicklungsprogramm nicht auf alle Zukunft bestehen werden. Eine „revolution of rising frustrations" (Lerner) deutet sich auch hier bereits an. Die Diskrepanz zwischen dem neuen Bewußtsein und der überlebten Lebensweise, zwischen den erweckten Hoffnungen und der Stagnation der wirtschaftlichen Entwicklung, zwischen den ausgebildeten Fähigkeiten und dem Mangel an Möglichkeiten ist so kraß, daß sie kaum noch lange fortdauern kann. Bestenfalls passen sich die Hoffnungen, die Erwartungen an die Realität an. Wir konnten dies bereits an dem untersuchten kreolischen Dorf feststellen[8]; dort ließen sich denn auch deutlich die Auswirkungen dieser Enttäuschung auf Mobilität[9] und Motivation[10] beobachten.

Schlimmstenfalls jedoch wird sich diese Enttäuschung darin äußern, daß die Landbevölkerung, besonders die junge Generation, ihre alte Lebensweise über Bord wirft, bevor ihr Gelegenheit zu einer neuen geboten wird. Junge Leute mit Schulerziehung können sich unwillig zeigen, ihren Lebensunterhalt in der überlebten Landwirtschaft zu erwerben; sie könnten zur Stadt emigrieren, sich dort in die Armee der Arbeitslosen einreihen und das entwurzelte Proletariat vergrößern. Dies würde sich in einer Erhöhung der Jugendkriminalität und in einem Anwachsen des politischen Radikalismus äußern. Noch ist Britisch-Honduras von diesen Erscheinungen nicht übermäßig stark betroffen. Wir haben gesehen, daß die Anziehungskraft der Stadt noch gering ist, daß sich die Bevölkerung keine Illusionen über das Stadtleben macht[11].

Das Problem, das der Strukturpolitik in diesem Entwicklungsland gestellt ist, ist nicht etwa „to suppress the revolution of rising expecta-

---
[7] Vgl. § 12 (2. Abschnitt).
[8] Vgl. § 10 (Anhang Tabellen 1 u. 2).
[9] Vgl. § 11, (Anhang Tabellen 8, 9, 11, 12).
[10] Vgl. § 12 (Anhang Tabelle 1).
[11] Vgl. § 11 (Anhang Tabelle 8).

tions, but to make it complete"[12]. Ihre Aufgabe besteht vor allem darin, für das fehlende Zwischenglied zwischen den neuen Wünschen und der produktiven Nutzung zusätzlicher Anstrengungen, nämlich für Betätigungsmöglichkeiten zu sorgen. Die Zeit drängt, soll der starke Entwicklungsimpuls, der von dem entstehenden Nationalgefühl[13] und von den erweckten Hoffnungen ausgeht, nicht ungenutzt verpuffen. Bis jetzt sind nur periphere Teilmaßnahmen durchgeführt worden; es fehlt an einer klaren entwicklungspolitischen Konzeption der Regierung. Von den Personen, die mit der Entwicklung des Landes befaßt sind, wird bedauert, daß die Regierung noch keine vordringlichen Aufgaben spezifiziert hat. Es ist auch noch nicht klar, in welchem Verhältnis die junge einheimische Regierung ausländisches Privatkapital einerseits und staatlich verausgabte Auslandshilfemittel andererseits in das Entwicklungsprogramm einschalten will.

Es liegen keine Anzeichen dafür vor, daß die Regierung von der von den Engländern verfolgten konservativen Finanz- und liberalen Handelspolitik abgehen wird. Weder eine von einem Staatsdefizit gespeiste Inflation noch Schutzzölle würden die Entwicklung nachhaltig fördern. Das Land ist viel zu klein für eine unabhängige oder gar riskante Finanzpolitik, und der einheimische Markt ist kaum auch nur annähernd für irgendeine Industrie ein ausreichender Absatzmarkt. Da England, der treue und wohlwollende Käufer von Zucker, Holz und Zitrusfrüchten, wegen seiner Entfernung kaum neue Absatzmöglichkeiten bietet, ist der Zugang zu amerikanischen Märkten, besonders zu denen der benachbarten mittelamerikanischen Republiken, unerläßlich für eine wirkliche Verbesserung der Situation. Solange die politische Realität sinnvolle Lösungen in dieser Beziehung verhindert[14], solange sind die wirtschaftlichen Aussichten des Landes düster.

Eine gut informierte, weitblickende Regierung kann hier viel ausrichten. Wie viele Länder im Emanzipationsprozeß hat Britisch-Honduras zur Zeit eine gute Gelegenheit, einen Anfang zu machen. Eine starke Welle von Vertrauen, Hoffnung und Patriotismus wartet auf ihre Mobilisierung.

---

[12] *Smithies*, Rising Expectations and Economic Development, 259.
[13] Vgl. § 10 (Anhang Tabelle 6).
[14] Die Beziehungen von Britisch-Honduras zu Guatemala sind wegen einer lange anstehenden Annektionsforderung Guatemalas überaus gespannt.

Anhang I

Technisches zur Erhebung

Die in dieser Darstellung verarbeiteten Informationen wurden, soweit nicht anderweitig gekennzeichnet, im Sommer 1961 in Britisch-Honduras im wesentlichen vom Verfasser[1] aufgrund eines vor Beginn der Forschungsreise ausgearbeiteten theoretischen Konzeptes[2] gesammelt.

Um quantitativ-statistisch formulierte, für die gesamte Landbevölkerung von Britisch-Honduras gültige Ergebnisse zu erzielen, war es notwendig,
   a) eine genügend große Anzahl von Befragten so auszuwählen, daß sie einen repräsentativen Querschnitt der Landbevölkerung bilden,
   b) allen Befragten die gleichen Fragen zu stellen, damit die notierten Antworten miteinander vergleichbar sind.

Die Tatsache, daß der Gegenstand der Erhebung Neuland ist, erforderte und erlaubte es, von diesen Postulaten teilweise in einigen im folgenden beschriebenen Punkten abzuweichen. Die vorliegenden Daten sind entsprechend vorsichtig und kritisch interpretiert worden. Insbesondere muß darauf hingewiesen werden, daß wegen der relativen Kleinheit des Samples die erzielten Ergebnisse nur innerhalb eines relativ weit gezogenen Toleranzbereiches auf die gesamte männliche Landbevölkerung heraufgerechnet werden können. Für Aufgliederungen der Gesamtzahl der Befragten (180 Personen) ergeben sich folgende Toleranzbereiche[3]:

Aus der Stichprobe ermittelter Wert	Toleranzbereich[4]	
	obere Grenze	untere Grenze
%	%	%
10	6,0	14,0
20	15,5	24,5
30	24,0	47,0
40	33,0	36,0
50	42,5	57,5
60	53,0	67,0
70	64,0	76,0
80	75,5	84,5
90	86,0	94,0

[1] Die Bewohner des Kreolendorfes Rockstone Pond wurden von John Ludeman interviewt, dem der Verfasser zu Dank verpflichtet ist.
[2] Vgl. Strümpel, Burkhard, Research Proposal zu „Economic Attitudes and Cultural Values of the Rural Population of British Honduras", als Manuskript vervielfältigt, unveröffentlicht 1961.
[3] Dieser Toleranzbereich wurde nach der Formel für die uneingeschränkte Zufallsauswahl, Stat. Auswahlfehler = $\pm \sqrt{pq : n}$ errechnet. (Vgl. Der West-

Die hier wiedergegebene Tabelle zeigt, innerhalb welcher Grenzen ein Stichprobenergebnis für die Gesamtheit als gültig angesehen werden kann.

Die Umfrage beschränkte sich auf Männer (16 Jahre und älter) sowohl aus befragungstechnischen Gründen[5] als auch deshalb, weil das für die Untersuchung des Entwicklungsprozesses entscheidende Verhalten das Arbeits- oder Produktionsverhalten ist, das überwiegend zur Sphäre des Mannes gehört. Die Frau ist auf das Haus beschränkt, mit Ausnahme der Karibierinnen von Hopkins, die auch in der Land- und Fischwirtschaft arbeiten. Freilich könnte sich der Einfluß der Frauen auf das wirtschaftliche Verhalten der Männer als analytisch lohnender Aspekt einer weiterführenden Untersuchung erweisen.

Die Auswahl der Befragten wurde nach einer Kombination des Quota- und des Zufallsprinzips vorgenommen. Dabei wurden die Dörfer willkürlich ausgewählt; jedes einzelne vertritt eine der ethnischen Gruppen innerhalb der Landbevölkerung von Britisch-Honduras. Das Größenverhältnis dieser Gruppen drückt sich in der Zahl der Interviews aus, die in den betreffenden Dörfern gesammelt wurden.

Es ist schwierig, ethnische Gruppen in Britisch-Honduras voneinander abzugrenzen wie auch statistische Informationen über ihr Größenverhältnis zu erhalten. Für die Abgrenzung wurde die Sprache als Kriterium herangezogen: diejenigen, die Spanisch oder eine indianische Sprache in ihrem Hause sprechen, wurden als Indianer betrachtet, die mit Englisch als Muttersprache als Kreolen, und die mit Karibisch als Karibier. Nach Konsultationen verschiedener Quellen[6] wurde folgende Schätzung der Auswahl der Befragten zugrunde gelegt:

Ethnische Zusammensetzung der Landbevölkerung von Britisch-Honduras[7], verglichen mit dem benutzten Sample

	Gesamte Landbevölkerung		Befragte	
	Anzahl (Schätzung)	%	Anzahl	%
Indianer	24 000	51	92	51
Kreolen	14 000	29	52	29
Karibier	9 500	20	36	20
	48 000	100	180	100

Da das isolierte indianische Dorf San Felipe und das besser mit der Außenwelt verbundene Yo Creek beide im Norden liegen und beide dem stark hispanisierten Teil der indianischen Bevölkerung zuzurechnen sind, sind die Maya und Kekchi sprechenden sehr zurückgebliebenen Indianer des Südens

---

deutsche Markt in Zahlen, herausgegeben vom DIVO-Institut, Frankfurt/M., 1958, S. 197.)

[4] Berechnet auf die üblicherweise geforderte Wahrscheinlichkeit von 95 %.

[5] In allen befragten Gemeinschaften wären längere Unterhaltungen zwischen einem Fremdling und Frauen als unangebracht erschienen.

[6] Besonders *Anderson*, Brief Sketch of British Honduras.

[7] Mit Ausnahme der deutschsprachigen Mennoniten, vgl. S. 8 (Fußnote 6).

(5000—7000 Menschen) nicht im Sample vertreten. Diese Gruppe konnte nicht interviewt werden, weil kein Maya oder Kekhchi sprechender Interviewer zur Verfügung stand.

In San Felipe war es leider nicht möglich, die Chicle-Sammler[8] zu interviewen, die das Dorf im Juli verlassen und nach 4—6 Monaten zurückkehren. Diese Gruppe, die vorwiegend aus Männern zwischen 15 und 22 Jahren besteht (etwa ein Drittel dieser Altersgruppe im Dorf), hätte den Fragen gegenüber vielleicht anders als der Rest der Altersgruppe reagiert.

Die Auswahl der Befragten innerhalb der Dörfer wurde nach dem Zufallsprinzip vorgenommen. Da in jedem Haus nur jeweils eine Familie lebt, wurden in allen Dörfern Häuser ausgewählt und alle erwachsenen Männer (16 Jahre und älter) die in diesem Hause wohnten, befragt.

In San Felipe, Yo Creek und Hopkins wurde die Auswahl durch Einheimische selbst vorgenommen, die über das Interview für jedes Haus einzeln durch Münzwurf entschieden[9]; die Zahl der Interviews in der betreffenden Gemeinde mußte der vorbestimmten relativen Stärke der vom Dorf vertretenen ethnischen Gruppe im Sample angepaßt werden.

In Rockstone Pond besteht keine Dorfgemeinschaft, die diese Einführung des Interviewers hätte erleichtern können. Auch hier wurden die Befragten jedoch nach dem Zufallsprinzip ausgewählt.

Die Interviewer dieser Umfrage trafen keine einzige ausgesprochene Verweigerung an. 6 Interviews mußten abgebrochen werden, weil die Fragen mißverstanden wurden oder die Befragten zu verwirrt waren. 10 Personen konnten trotz dreimaligen Besuches in ihrem Haus nicht angetroffen werden.

Infolge der Unterrepräsentation der Saisonarbeiter und der noch in der traditionellen Kultur befangenen Indianer dürfte das Sample leicht in der Richtung des wohlhabenderen, relativ gutfundierten Bauern verzerrt sein.

Die Einwohner von San Felipe und Yo Creek wurden in Spanisch, die von Hopkins und Rockstone Pond in Englisch interviewt. In 5 Fällen (3 in Yo Creek, 2 in Hopkins) mußte ein Dolmetscher für Maya bzw. Karibisch hinzugezogen werden.

Die durchschnittliche Dauer des Interviews betrug 40 Minuten. In der großen Mehrzahl der Fälle war es möglich, den Befragten allein oder nur in Gegenwart seiner Frau und seiner Kinder zu sprechen. Weniger als 10 % der Befragten hatten an einem vorher stattgefundenen Interview eines anderen Dorfbewohners teilgenommen.

Die Antworten auf die meist offenen Fragen[10] wurden nach bestimmten Gesichtspunkten zusammengefaßt, vercodet und auf Hollerithkarten übertragen. Die Informationen über einen einzelnen Befragten sind auf jeweils einer Lochkarte enthalten.

---

[8] Chicle ist ein Rohprodukt für Kaugummi, das aus den Sapodilla-Bäumen gewonnen wird.

[9] Diese Technik bot verschiedene Vorteile. Zunächst erhielt der Interviewer die Möglichkeit, sich und seine Arbeit einigen auf dem Dorfanger zum Schwatze versammelten jungen Männern durch das Spiel mit Münzen einzuführen. Zweitens verbreitete sich das Gerücht von der Auswahl bald bis zu den Befragten; diese waren daher bereits vorbereitet, wenn sie an einem der folgenden Tage zum Interview aufgesucht wurden. Drittens lag die Verantwortung für die Auswahl deutlich sichtbar bei dem Mann, der die Münze warf. Die Befragten hatten danach nicht mehr so sehr das Gefühl, daß der Interviewer persönlich an ihnen interessiert war und in ihre privaten Angelegenheiten eindringen wollte.

[10] Vgl. Fragebogen im Anhang.

Anhang II

Der Fragebogen

Deutsche Fassung des Fragebogens

Frage 1
- a) Wenn Sie 150 Dollar in der Lotterie gewinnen würden: was würden Sie mit dem Geld machen?
- b) Und wenn Sie 2000 Dollar gewinnen würden?
- c) (Wenn keinerlei konsumtive Verwendung erwähnt wurde:) Würden Sie auch Gegenstände für das Haus kaufen, wie Radio usw.?

Frage 2

Hier sind einige Gegenstände für den Haushalt (Interviewer überreicht Bildkarten). Würden Sie mir bitte die Bilder der Gegenstände geben, die Sie in Ihrem Haushalt haben? (Interviewer notiert die Nummern der Gegenstände, die der Befragte hat; die restlichen Bildkarten gibt er dem Befragten zurück.)

Frage 3

Welche dieser Gegenstände würden Sie gern haben, welche sind notwendig für einen angemessenen Lebensstandard? (Interviewer notiert die Nummern und gibt die Karten noch einmal dem Befragten.)

Frage 4

Und was denken Sie: welche dieser Gegenstände werden Sie sich wahrscheinlich niemals in Ihrem Leben leisten können?

Frage 5
- a) Glauben Sie, daß die Leute hier im Dorf im allgemeinen mit ihrem Leben zufrieden sind, oder erstreben sie eine Änderung?
- b) (informell:) In welcher Beziehung? Warum? Was möchten sie anders haben?

Frage 6
- a) Niemand kann in die Zukunft sehen, aber was glauben Sie: wie werden die Leute hier im Dorf nach 10—15 Jahren leben?
- b) (Wenn keine Antwort oder „weiß nicht") Besser oder schlechter?
- c) (informell:) Warum? Wie wird es dann aussehen?
- d) Und glauben Sie, die Leute werden härter arbeiten, oder brauchen sie dann nicht so hart zu arbeiten wie heute?

Frage 7
- a) Wenn Sie in Schwierigkeiten wären und gar kein Geld hätten: wer würde Ihnen dann helfen?

b) (Wenn „niemand", informeller Stimulus:) Wovon würde die Familie dann leben?

Frage 8
a) Wenn Sie genug Geld hätten, wo würden Sie lieber leben: in einem Dorf wie hier, oder in einer Stadt wie Belize?
b) Warum?

Frage 9
a) Wenn Ihnen jemand anbieten würde, Ihnen entweder 100 $ heute oder 200 $ nach einem Jahr zu geben: was würden Sie bevorzugen?
b) Warum?

Frage 10
a) Wenn Sie die Möglichkeit hätten, hier in der Nähe in einer Fabrik zu arbeiten: würden Sie das tun?
b) (wenn ja:) Wenn Sie das ganze Jahr hindurch in der Fabrik arbeiten könnten, würden Sie dann Ihre Landwirtschaft aufgeben?

Frage 11
Was hat sich hier im Dorf seit etwa 10 Jahren verbessert?

Frage 12
a) Ist Ihre persönliche Lage heute besser oder schlechter als vor drei Jahren?
b) (informell:) Warum? In welcher Beziehung?

Frage 13 a
Wenn die Regierung Ihnen helfen würde, 30 acres mit Fruchtplantagen in einer anderen Gegend zu kultivieren: würden Sie dann das Dorf verlassen?

Frage 13 b
a) Hier leben die Leute alle zusammen in einem Dorf und die Milpa ist weit weg. Andere, z. B. die Mennoniten, haben ein anderes System. Sie leben nicht in Dörfern, sondern inmitten ihres Landes. Würden Sie lieber auf der Milpa leben wie die Mennoniten, oder in einem Dorf wie hier, zusammen mit anderen Leuten, aber weit weg von der Milpa?
b) Warum?

Frage 14
Wenn Sie Ihr eigenes Land hätten: Was würden Sie dann anbauen, was Sie jetzt nicht anbauen?

Frage 15
a) Haben Sie manchmal Produkte verkaufsbereit, die Sie nicht loswerden?
b) Welche Produkte? (Interviewer: Bitte darauf achten, daß der Befragte nicht Produkte angibt, mit denen er nur Marktschwierigkeiten hat. Die Produkte müssen entweder verderben oder mangels Absatzmöglichkeiten an Haustiere verfüttert werden.)

Frage 16
    Wieviel bezahlt die Regierung zur Zeit für Mais?

Frage 17
    Schwanken die Preise für Ihre Produkte sehr, oder bleiben sie im allgemeinen gleich?

Frage 18
- a) Die Preise sind manchmal niedriger und manchmal höher, nicht wahr? Würden Sie es vorziehen, daß die Regierung die Preise in der Mitte festsetzt?
- b) Warum?

Frage 19
    Haben Sie mehr Freude daran, im Ackerbau oder in der Viehzucht zu arbeiten?

Frage 20
- a) Wenn Sie Geld zum Investieren hätten: Wo ist mehr Gewinn: im Ackerbau oder in der Viehzucht?
- b) Warum?

Frage 21
- a) Glauben Sie, daß die landwirtschaftlichen Werkzeuge, die Sie benutzen, für die Böden hier hinreichend sind, oder brauchen Sie bessere Geräte?
- b) Welche Geräte?

Frage 22 (Bei Familienangehörigen ohne eigenes Land bitte gleich auf Frage 23 übergehen.)
- a) Werden Sie nächstes Jahr mehr Land als dieses Jahr bebauen?
- b) Wieviel mehr?

Frage 23
    Was meinen Sie: sind viele Kinder eher ein Vorteil oder eine Belastung für die Eltern?

Frage 24
- a) Würden Sie sich freuen, wenn Ihre Kinder Bauern würden?
- b) (Wenn nicht eindeutig bejahend:) Welchen Beruf würden Sie denn vorziehen?

Frage 25
    Gestrichen.

Bemerkung für die Fragen 26—28 und 30

Interviewer: „A" hinter der Zahl notieren, wenn der Befragte die Zahl im Kopf hat oder schnell aus dem Gedächtnis hervorholt; „B", wenn er längere Zeit benötigt, mehr als etwa 15 Sekunden, oder wenn er Einzelposten zu addieren beginnt. Den Sinn gründlich erklären, aber wenn der Befragte verstanden hat, nur einmal mahnend hinzufügen: „etwas mehr oder weniger", „nur ungefähr", oder ähnliches.

Frage 26 (Bei Familienangehörigen ohne eigenen Haushalt gleich zu Frage 31 übergehen.)
Wieviel sind alle Ihre Tiere wert?

Frage 27
Ich weiß, das ist schwierig zu sagen, aber vielleicht könnten Sie schätzen: Wie hoch ist der Wert der Produkte, die Sie selbst ernten und in Ihrem Haushalt verbrauchen?

Frage 28
Wieviel Geld geben Sie im allgemeinen in der Woche aus, um Gegenstände für den Haushalt, Nahrungsmittel usw. zu kaufen?

Frage 29
a) Wieviel Geld in der Woche würden Sie für einen angemessenen Lebensstandard benötigen?
b) (wenn mehr, als der Befragte zur Zeit tatsächlich ausgibt:) Wofür würden Sie das zusätzliche Geld ausgeben?

Frage 30
Was würden Sie sagen: Wieviel Bargeld sollte eine Familie wie Ihre im Hause haben, als Reserve für unvorhergesehene Ereignisse, Krankheits- und Todesfälle usw.?

Frage 31
Wie oft essen Sie Fleisch in der Woche?

Frage 32
a) Glauben Sie, daß die Farmdemonstratoren gute Arbeit leisten und den Bauern helfen?
b) In welcher Beziehung helfen sie?

Frage 33
a) Würden Sie es gern sehen, daß die Kolonie unabhängig wird, oder würden Sie es vorziehen, daß sie eine Gemeinschaft mit einem anderen Land bildet?
b) (gegebenenfalls:) Mit welchem Land?
c) Warum?

Frage 34
a) Glauben Sie, daß die USA der Kolonie helfen?
b) Wie?
c) Und hilft England?
d) Wie?

Frage 35
a) Was sollte die Regierung tun, um den Bauern hier zu helfen?
b) Und was noch?

Frage 36
Und glauben Sie, daß die Regierung etwas tun *wird*, um den Bauern zu helfen?

Frage 37
- a) Wie heißt der Präsident der USA?
  (wenn „weiß nicht", sofort übergehen zu Frage 38)
- b) Und wie hieß der Präsident vor Kennedy?
- c) Und wer ist der Premierminister von England?

Frage 38
- a) Was denken Sie über die Mennoniten?
- b) (wenn nicht bereits beantwortet:) Glauben Sie, es ist gut oder schlecht für die Einheimischen, daß die Mennoniten im Land sind?

Frage 39 (Bei Familienangehörigen ohne eigenes Land gleich auf Frage 43 übergehen.)
- a) Welche Produkte, Früchte usw. bauen Sie an?
- b) Was für Haustiere halten Sie?

Frage 40

Wieviel Land bebauen Sie im Augenblick?
- a) Ackerland
- b) Weideland

Frage 41

Ausgelassen.

Frage 42

Wieviel Ackerland haben Sie vor drei Jahren bebaut?

Frage 43
- a) Alter
- b) Familienstand
- c) Anzahl der im Haushalt lebenden Kinder
- d) und e) ausgelassen
- f) Mitgliedschaft im Kreditverein
- g) Anzahl der Besuche in der Stadt
- h) Muttersprache

Frage 44
- a) Beschäftigen Sie andere Leute auf Ihrem Land?
- b) Arbeiten Sie für andere Leute?
- c) (wenn ja:) Verdienen Sie mehr Geld durch Arbeit für andere, oder durch Verkauf eigener Produkte?
- d) Verbringen Sie am meisten Zeit mit dem Ackerbau, der Viehzucht oder der Fischerei?

Schlußprotokoll

Interviewereinstufung der Größe und Qualität des Hauses, der Anzahl der Möbelstücke, der Intelligenz des Befragten, und der Atmosphäre des Interviews.

Notizen über bemerkenswerte Äußerungen, die nicht im Zusammenhang mit einzelnen Fragen protokolliert wurden.

Anhang III

Tabellen

Tabelle 1

Alle Befragten

Mehr als die Hälfte der Befragten nennen „Geld" als eines ihrer wichtigsten Probleme.

Frage 5: a) „Glauben Sie, daß die Leute hier im Dorf im allgemeinen mit ihrem Leben zufrieden sind, oder erstreben sie eine Änderung?"
b) informell:) In welcher Beziehung? Warum? Was möchten sie anders haben?

Frage 6: a) Niemand kann in die Zukunft sehen, aber was glauben Sie: wie werden die Leute hier im Dorf nach 10—15 Jahren leben?"
b) (informell:) Warum, Wie wird es dann aussehen?

Frage 35: a) „Was sollte die Regierung tun, um den Bauern hier zu helfen?"
b) „Und was noch?"

Erwähnte Gegenstände von Hoffnung oder Sorge	% Aller Befragten	% der Bauern in			
		San Felipe	Yo Creek	Hopkins	Rockstone Pond
Geld	56	59	52	31	73
mehr Geld, Regierungskredit; Kredit					
Arbeitsmöglichkeiten	34	33	41	50	17
mehr Arbeit; Industrien; mehr Investoren					
Absatz	27	24	26	8	44
bessere Absatzmöglichkeiten; bessere Preise					
Maschinen f. Produktion	26	33	30	33	12
neue Maschinen, Motorboote z. Fischen; Traktoren; Pflüge					
Straßen, Kommunikation	26	48	13	39	8
bessere Straßen; Telefon; Fahrzeuge					
Eigenes Land	19	50	13	11	2
Zusammen (Mehrfachnennungen)	188 %	247 %	175 %	172 %	156 %
Basis	180	46	46	36	52

Anhang III

Tabelle 2

Alle Befragten

Ungefähr zwei Drittel der Befragten blicken mit Zuversicht in die Zukunft, besonders die Karibier (Hopkins) und das weniger isolierte Indianerdorf (Yo Creek), die jüngeren Bauern sowie diejenigen, die zurückliegende Verbesserungen wahrgenommen haben.

Frage 6: a) „Niemand kann in die Zukunft sehen, aber was glauben Sie: wie werden die Leute hier im Dorf nach 10—15 Jahren leben?"
b) (Wenn keine Antwort oder „weiß nicht:) „Besser oder schlechter?"

	Einstellung gegenüber der Zukunft				Basis
	optimistisch[a]	pessimistisch; indifferent[b]	nicht ermittelt		
	%	%	%		
Alle Befragten	64	33	3	100 %	180
San Felipe	61	33	6	100 %	46
Yo Creek	76	22	2	100 %	46
Hopkins	86	14	—	100 %	36
Rockstone Pond	40	58	2	100 %	52
16—24 Jahre	77	20	3	100 %	35
25—39 Jahre	73	25	2	100 %	48
40—54 Jahre	57	41	2	100 %	42
55 Jahre und älter	53	44	3	100 %	55
Diejenigen, die sich über die Vergangenheit kritisch äußern[c]	52	45	3	100 %	106
Diejenigen, die vergangene Verbesserungen wahrgenommen haben	84	13	3	100 %	68
Nicht ermittelt					6

a) optimistische Antworten: besser; vielleicht besser; ich hoffe, besser; ich weiß nicht, aber ich habe Hoffnung
b) pessimistische, indifferente Antworten: schlechter; immer das gleiche; ich weiß nicht
c) Frage 11: „Was hat sich hier im Dorf seit etwa 10 Jahren verbessert?"

Tabellen

Tabelle 3

Alle Befragten

Optimisten erweisen sich als aufgeschlossener, geistig aktiver, indem sie mehr Gegenstände von Hoffnung oder Sorge während des Interviews erwähnen.

	Anzahl der erwähnten Gegenstände von Hoffnung oder Sorge					Basis
	1—2 Gegenstände	3 Gegenstände	4 u. mehr Gegenstände	nicht ermittelt		
	%	%	%	%		
Alle Befragten ...	33	35	29	3	100 %	180
Befragte mit optimistischer[a] Einstellung der Zukunft gegenüber	25	36	36	3	100 %	115
Befragte mit pessimistischer od. indifferenter Einstellung der Zukunft gegenüber	48	33	15	4	100 %	60
Nicht ermittelt ...						5

a) Frage 6, Wortlaut vgl. auch vorige Tabelle

Tabelle 4

Alle Befragten

Verglichen mit den Älteren erwähnt die junge Generation viel häufiger den spezifischeren Punkt „Maschinen" und seltener den vagen Punkt „Geld".

Frage 35: „Was sollte die Regierung tun, um den Bauern hier zu helfen?"

	Als notwendige Regierungshilfe wurde *zuerst* genannt					Basis
	Maschinen; Traktoren; Pflüge; Motorboote f. Fischerei	Geld; Kredit	Anderes[a]	nicht ermittelt		
	%	%	%	%		
Alle Befragten ...	11	53	33	3	100 %	180
16—24 Jahre	31	43	23	3	100 %	35
25—39 Jahre	8	48	42	2	100 %	48
40—54 Jahre	7	64	27	2	100 %	42
55 Jahre und älter	4	56	36	4	100 %	55

a) z. B.: Straße; eigenes Land; Absatzmöglichkeiten; usw.

Anhang III

Tabelle 5

Alle Befragten

Mehr als 40 % der Bauern bezweifeln, daß die Regierung helfen wird.

Frage 36: „Und glauben Sie, daß die Regierung etwas tun *wird,* um den Bauern zu helfen?"

	Vertrauen auf Regierungshilfe					Basis
	Regierung wird helfen	weiß nicht, ob Regierung helfen wird	Regierung wird nicht helfen	nicht ermittelt		
	%	%	%	%		
Alle Befragten ...	54	19	22	5	100 %	180
Befragte mit optimistischer Einstellung der Zukunft gegenüber[a]	55	20	21	4	100 %	115
Befragte mit pessimistischer Einstellung der Zukunft gegenüber	52	18	23	7	100 %	60
Nicht ermittelt ...						5

a) Frage 6, Wortlaut vgl. auch Tabelle 2

Tabelle 6

Alle Befragten

Die Mehrheit der Bauern spricht sich für Unabhängigkeit der Kolonie aus. Eine größere Minderheit zugunsten des status quo findet sich nur unter den (englischsprachigen) Kreolen und unter den Ältesten.

Frage 33: „Würden Sie es gern sehen, daß die Kolonie unabhängig wird, oder würden Sie es vorziehen, daß sie eine Gemeinschaft mit einem anderen Land bildet?"

Wünsche für den politischen Status des Landes

	status quo[a]	Unabhängigkeit	Gemeinschaft mit den USA	Gemeinschaft mit einem anderen Land[b]	weiß nicht	nicht ermittelt		Basis
	%	%	%	%	%	%		
Alle Befragten	10	57	15	6	7	5	100 %	180
San Felipe	2	42	30	11	15	—	100 %	46
Yo Creek	—	76	11	—	4	9	100 %	46
Hopkins	3	72	19	—	3	3	100 %	36
Rockstone Pond	31	40	4	10	6	9	100 %	52
16—24 Jahre ..	5	72	14	3	3	3	100 %	35
25—39 Jahre ..	—	63	19	6	4	8	100 %	48
40—54 Jahre ..	5	59	14	10	12	—	100 %	42
55 Jahre und älter	25	39	14	4	9	9	100 %	55

Gründe für Bevorzugung der Unabhängigkeit

Basis 102

Wirtschaftliche Gründe .... 45 %
Dann bleibt das Geld im Lande; keine Ausbeutung mehr; dann werden wir besser prosperieren; dann kriegen wir ein besseres Leben; wir bekommen Arbeit; bessere Möglichkeiten für Entwicklung; dann werden auch andere Länder helfen, nicht nur England

Emotionelle Begründungen .... 13 %
Wir wollen keine Sklaverei mehr; möchten uns selbst regieren

Landeigentum .... 6 %
Dann bekommen wir eigenes Land

a) Britisch Honduras wird von seinen Einwohnern noch immer als englische Kolonie betrachtet
b) Hierunter fallen auch die, die sich für eine Gemeinschaft mit einem anderen Land aussprechen, aber kein Land nannten. Nicht ein einziger Befragter äußerte den Wunsch nach einer Assoziierung an die Nachbarstaaten Guatemala oder Mexiko

Alle Befragten

Tabelle 7

Die Bauern sind sehr kritisch gegenüber England, aber sehr dankbar gegenüber den USA.

Frage 34: a) „Glauben Sie, daß die USA der Kolonie helfen?"
b) „Wie?"
c) „Und hilft England?"
d) „Wie?"

	Einstellung gegenüber England					Einstellung gegenüber den USA					Basis	
	hilft	hilft sehr wenig	hilft nicht	weiß nicht	nicht ermittelt	hilft	hilft sehr wenig	hilft nicht	weiß nicht	nicht ermittelt		
	%	%	%	%	%	%	%	%	%	%	%	
Alle Dörfer	41	9	33	12	5	79	2	3	10	6	100	180
San Felipe	33	13	34	20	—	78	2	4	9	7	100	46
Yo Creek ..	17	9	57	15	2	78	—	7	13	2	100	46
Hopkins ...	45	11	36	3	5	89	6	—	—	5	100	32
Rockstone Pond	57	6	10	8	9	73	—	2	15	10	100	56

Womit helfen die beiden Länder?a)

a) *England*   Basis 74
    mit Geld .... 34 %
    durch Lieferung von Erzeugnissen   8
    Hilfe nach Hurrikan 4
    Nahrungsmittel 3

b) *Vereinigte Staaten*   Basis 141
    Nahrungsmittel .... 58 %
    Hilfe nach Hurrikan 20
    mit Geld 9
    durch Lieferung von Erzeugnissen   5

a) Mehrfachnennungen

Tabelle 8

Die Landbevölkerung von British-Honduras zieht das Landleben dem Stadtleben vor, besonders die ältere Generation.

Frage 8: a) „Wenn Sie genug Geld hätten, wo würden Sie lieber leben: in einem Dorf wie hier oder in einer Stadt wie Belize?"
b) „Warum?"

	Bevorzugter Wohnort				Basis
	Dorf	Stadt	nicht ermittelt		
	%	%	%		
Alle Befragten	79	17	4	100 %	180
San Felipe	78	18	4	100 %	46
Yo Creek	81	17	2	100 %	46
Hopkins	58	33	9	100 %	36
Rockstone Pond	92	6	2	100 %	52
16—39 Jahre	73	23	4	100 %	83
40 Jahre und älter	84	12	4	100 %	97
Befragte mit optimistischer[a] Einstelung der Zukunft gegenüber	78	19	3	100 %	115
Befragte mit pessimistischer oder indifferenter Einstellung der Zukunft gegenüber	83	12	5	100 %	60
Nicht ermittelt					5

Gründe[b]

a) für die Bevorzugung des Landlebens

Gefühlsmäßige Gründe

Ich liebe mein Heimatdorf; hier kann man mit Tieren umgehen; man kann hier im Busch arbeiten; wir sind an dieses Leben gewöhnt; ich bin hier geboren; hier kann ich meinem Dorf helfen

Lebenshaltungskosten

Das Leben ist hier billiger; hier kann man seine eigene Nahrung ernten

Arbeitsmöglichkeiten

Hier habe ich mein Auskommen; hier bekomme ich Arbeit

a) Frage 6, Wortlaut vgl. auch Tabelle 2 (Anhang)
b) Mehrfachnennungen

Anhang III

b) für die Bevorzugung des Stadtlebens

Arbeitsmöglichkeiten
Dort bekomme ich Arbeit; dort kann man sein Geld anlegen; kann dort einen Handel anfangen

Unterhaltung
Kino; in der Stadt ist mehr los; mehr hübsche Mädchen dort; das Leben ist dort freier

Komfort
Das Stadtleben ist modern; bessere Häuser dort, bessere Verkehrsverbindungen; mehr Gesundheitsfürsorge; bessere Erziehungsmöglichkeiten für die Kinder

Tabelle 9

Alle Befragten

Die Karibier von Hopkins und die jungen Befragten zeigen am meisten Bereitschaft, an einem von der Regierung durchgeführten Umsiedlungsprogramm teilzunehmen.

Frage 13 a): „Wenn die Regierung Ihnen helfen würde, 30 acres mit Fruchtplantagen in einer anderen Gegend zu kultivieren: würden Sie dann das Dorf verlassen?"

	Bereitschaft zur Umsiedlung				Basis
	wäre interessiert	würde nicht von hier wegziehen	nicht ermittelt		
	%	%	%		
Alle Befragten ...	61	37	2	100 %	180
San Felipe	72	28	—	100 %	46
Yo Creek	51	44	5	100 %	46
Hopkins	78	22	—	100 %	36
Rockstone Pond ..	48	50	2	100 %	52
16—24 Jahre	79	18	3	100 %	35
25—29 Jahre	69	29	2	100 %	48
40—54 Jahre	58	42	—	100 %	42
55 Jahre und älter	46	52	2	100 %	55

Tabelle 10

Alle Befragten in
San Felipe und Yo Creek

Die Mehrheit der Indianer des Nordens (San Felipe und Yo Creek) zeigt sich bereit, die traditionelle Wohnweise in Dörfern aufzugeben und zu einer aufgelockerten Siedlungsform überzugehen.

Frage 13 b): „Hier leben die Leute alle zusammen in einem Dorf, und die Milpa ist weit weg. Aandere, z. B. die Mennoniten, haben ein anderes System. Sie leben nicht in Dörfern, sondern inmitten ihres Landes. Würden Sie lieber auf der Milpa leben wie die Mennoniten oder in einem Dorf wie hier, zusammen mit anderen Leuten, aber weit weg von der Milpa?"

Bevorzugte Wohnweise

	innerhalb der Dorfgemeinschaft %	innerhalb des Ackerlandes %	weiß nicht %		Basis
Beide Dörfer	35	58	7	100 %	92
San Felipe	31	65	4	100 %	46
Yo Creek	39	51	10	100 %	46

Anhang III

Tabelle 11

Alle Befragten

Etwa die Hälfte aller Befragten, aber nur ein Drittel der jüngeren würden ihre Kinder gern als Bauern sehen.

Frage 24: a) „Würden Sie sich freuen, wenn Ihre Kinder Bauern würden?"
b) (wenn nicht eindeutig): „Welchen Beruf würden Sie dann vorziehen?"

Berufswunsch für die Kinder

	möchten Kinder als Bauern sehen	möchten sie *nicht* als Bauern sehen	haben eine ambivalente Einstellung[a]	nicht ermittelt		Basis
	%	%	%	%		
Alle Befragten ...	47	37	11	5	100 %	180
San Felipe	33	49	16	2	100 %	46
Yo Creek	36	44	16	4	100 %	46
Hopkins	42	44	8	6	100 %	36
Rockstone Pond ..	74	14	6	6	100 %	52
16—24 Jahre	31	47	16	6	100 %	35
25—39 Jahre	40	40	16	4	100 %	48
40—54 Jahre	55	36	9	—	100 %	42
55 Jahre und älter	58	29	6	7	100 %	55
Befragte mit optimistischer[b] Einstellung der Zukunft gegenüber	41	42	13	4	100 %	115
Befragte mit pessimistischer oder indifferenter Einstellung der Zukunft gegenüber	60	26	7	7	100 %	60
Nicht ermittelt ...						5

Gewünschte Berufe   Basis 66[c]

Büro	42 %
Lehrer	41 %
Freie Berufe (z. B. Arzt, Rechtsanwalt)	23 %
Mechaniker	17 %
Ingenieur	12 %
Beamter	11 %

a) indifferente oder leicht kritische Bewertungen: ‚Ja, aber nur, wenn sich die Landwirtschaft entwickelt'; ‚ja, aber auch andere Berufe sind gut'; usw.
b) Frage 6, Wortlaut vgl. auch Tabelle 2 (Anhang)
c) Die Prozentsätze beziehen sich auf die 66 Befragten, die ihre Kinder nicht gern als Bauern sehen würden

Tabelle 12

Alle Befragten

Die allgemein verbreitete Bereitschaft zur Arbeit in der Industrie ist besonders häufig in den Dörfern mit einem starken Gemeinschaftsgeist, bei den jüngeren Befragten und bei denjenigen, die nicht an Regierungshilfe glauben.

Frage 10: a) „Wenn Sie die Möglichkeiten hätten, hier in der Nähe in einer Fabris zu arbeiten: würden Sie das tun?"

b) (wenn ja:) „Wenn Sie das ganze Jahr hindurch in der Fabrik arbeiten könnten, würden Sie dann Ihre Landwirtschaft aufgeben?"

Bereitschaft zur Industriearbeit

	würden in der Industrie arbeiten und Milpa aufgeben	und Milpa *nicht* aufgeben	würden *nicht* in der Industrie arbeiten		Basis
	%	%	%		
Alle Befragten	31	47	22	100 %	180
San Felipe	30	47	23	100 %	46
Yo Creek	51	33	16	100 %	46
Hopkins	47	53	—	100 %	36
Rockstone Pond	2	56	42	100 %	52
16—39 Jahre	38	41	21	100 %	83
40 Jahre und älter ...	24	53	23	100 %	97
*Befragte*a), die andere beschäftigen	18	37	45	100 %	38
die vorwiegend für sich selbst arbeiten, ohne andere zu beschäftigen	36	48	16	100 %	63
die vorwiegend für andere arbeiten ...	31	54	15	100 %	54
nicht ermittelt					25
Mitglieder des Kreditvereins	41	43	16	100 %	37
alle anderen	28	48	24	100 %	143
*Befragte*b), die an Regierungshilfe glauben	23	48	29	100 %	96
die nicht wissen, ob die Regierung helfen wird	36	51	13	100 %	33
die nicht an Regierungshilfe glauben	40	48	12	100 %	41
nicht ermittelt					10

a) Frage 44 (vgl. Fragebogen im Anhang)
b) Frage 36 (vgl. Fragebogen im Anhang)

Anhang III

Tabelle 13

Alle Befragten

Hohe Konsumansprüche häufen sich bei den jüngeren, optimistischeren, den mobileren und bei den als fleißig bekannten Befragten sowie bei denjenigen, die am Gemeindeleben aktiv teilnehmen (Mitglieder des Kreditvereins).

Frage 2: „Hier sind einige Gegenstände für den Haushalt (Interviewer überreicht Bildkarten). Würden Sie mir bitte die Bilder der Gegenstände geben, die Sie in Ihrem Haushalt haben?" (Interviewer notiert die Nummern der Gegenstände, die der Befragte hat; die restlichen Bildkarten gibt er dem Befragten zurück).

Frage 3: „Welche dieser Gegenstände würden Sie gern haben, welche sind notwendig für einen angemessenen Lebensstandard?"

Definition

Hohe Konsumansprüche:	Nur höchstens 2 der 11 Gegenstände werden von dem Befragten als *nicht* notwendig betrachtet. (Gegenstände, die im Haushalt vorhanden sind, gelten von vornherein als im Anspruchsniveau enthalten, werden somit hier behandelt wie die gewünschten Gegenstände).
Mittlere Konsumansprüche:	3—5 der 11 Gegenstände werden von dem Befragten als nicht notwendig betrachtet.
Niedrige Konsumansprüche:	6 und mehr der 11 Gegenstände werden von dem Befragten als *nicht* notwendig betrachtet.

Folgende Gegenstände wurden zur Einstufung herangezogen: Haus, Kuh, Wecker, Regenwassertank, Pferd, Radio, Fahrrad, Schmuck, Küchenherd, Füllfederhalter, Auto.

	Anspruchsniveau				Basis
	hohe Konsumansprüche	mittlere Konsumansprüche	niedrige Konsumansprüche		
	%	%	%		
Alle Befragten	43	36	21	100 %	180
16—39 Jahre	54	33	13	100 %	83
40 Jahre und älter	35	38	27	100 %	97
Befragte mit optimistischer[a] Einstellung der Zukunft gegenüber	49	35	16	100 %	115
Befragte mit pessimistischer od. indifferenter Einstellung der Zukunft gegenüber	35	35	30	100 %	60
Nicht ermittelt					5
Befragte, die Unabhängigkeit wünschen	50	35	15	100 %	102
Alle anderen	35	36	29	100 %	75

Tabellen

(noch Tabelle 13)

	Anspruchsniveau				Basis
	hohe Konsumansprüche %	mittlere Konsumansprüche %	niedrige Konsumansprüche %		
Befragte, die lieber[b]					
im Dorf leben wollen	40	36	24	100 %	141
in der Stadt leben wollen ..	55	35	10	100 %	32
Nicht ermittelt					7
Befragte, die ihre Kinder[c]					
gern als Bauern sehen wollen	39	37	24	100 %	84
nicht gern als Bauern sehen wollen oder eine ambivalente Einstellung haben	46	36	18	100 %	88
Nicht ermittelt					8
Mitglieder des Kreditvereins..	62	30	8	100 %	37
Alle anderen	39	37	24	100 %	143
Befragte, die als[d]					
sehr fleißig gelten	64	29	7	100 %	55
weniger fleißig gelten	43	39	18	100 %	62
Nicht ermittelt					63

a) Frage 6, Wortlaut vgl. auch Tabelle 2 (Anhang)
b) Frage 8, Wortlaut vgl. auch Tabelle 8 (Anhang)
c) Frage 24, Wortlaut vgl. auch Tabelle 11 (Anhang)
d) Ermittlung durch Zusammenfassung der unabhängig voneinander vorgenommenen Einstufungen von 2-3 Informanden in den Dörfern San Felipe, Yo Creek und Hopkins

Anhang III

Tabelle 14

Alle Befragten

Auch innerhalb der Altersgruppen erweisen sich Befragte mit hohen Konsumansprüchen als optimistischer, als beweglicher a), als patriotischer, als fleißiger und als aktiver (Mitgliedschaft im Kreditverein) als der Rest.

Frageformulierungen: vgl. Tabelle 13

Erläuterung

Diese Tabelle prüft, ob es sich bei dem dargestellten Zusammenhang zwischen Konsumansprüchen und Verhaltensweisen andererseits um Scheinkorrelationen handelt. Da sowohl die Konsumansprüche als auch Optimismus und Beweglichkeit stark negativ mit dem Alter korrelieren, liegt der Verdacht nahe, daß die Anspruchsvollen nur deshalb überdurchschnittlich häufig die Optimisten, Fleißigen und Aktiven sind, weil sie, wie diese, meist jung sind. Wäre das der Fall, so könnte man von einem Zusammenhang zwischen Konsumansprüchen und den genannten Einstellungen und Verhaltensweisen nur sehr indirekt sprechen; die Möglichkeit z. B. durch die Anregung von Ansprüchen die Bereitschaft zu Veränderungen zu erhöhen, würde ausscheiden. Die Hypothese, daß Konsumansprüche Motivationsfaktoren für das Veränderungsverhalten sind, wäre nicht bestätigt worden. — Demgegenüber geht aus der folgenden Tabelle hervor, daß auch innerhalb der Altersgruppen diese Zusammenhänge nachgewiesen werden können, wenn auch infolge der Kleinheit des Samples nicht endgültig. Insbesondere muß es einer größer angelegten Studie überlassen bleiben, zu ermitteln, ob hohe Konsumansprüche auch bei den älteren Befragten die Bereitschaft zur Veränderung und die Aktivität erhöhen. Mit der zur Stützung unserer Interpretation hinreichenden Feststellung, daß bei den Jüngeren dieser Zusammenhang offenbar besteht, begnügen wir uns hier umso eher, als die Jüngeren, wie wir verschiedentlich gesehen haben, ohnehin für die Entwicklungsprognose von ausschlaggebender Bedeutung sind. Der Verdacht der Scheinkorrelation bei dem Zusammenhang zwischen hohen Konsumansprüchen und Bevorzugung der Stadt als Wohnort konnte allerdings auch für den jüngeren Bevölkerungsteil nicht entkräftet werden.

	Zukunftserwartungen der Befragten c)			Wunsch nach Unabhängigkeit des Landes d)		Bevorzugter Wohnort e)			Berufswunsch für die Kinder f)			Fleiß g)			Mitglieder des Kreditvereins	alle anderen	Basis
	opti-mistisch	pessi-mistisch in-different	nicht ermittelt	für Unab-hängig-keit	Alle anderen	Dorf	Stadt	nicht ermittelt	Bau-ern/ambi-val. Einst.	nicht Bau-ern	nicht ermittelt	sehr fleißig	weni-ger fleißig	nicht ermittelt			
	%	%	%	%	%	%	%	%	%	%	%	%	%	%	%	%	
Jüngere Befragte (16–39 Jahre)																		
mit hohen Konsumansprüchen	84	16	—	70	30	73	23	4	48	43	9	43	41	16	39	61	100 % 44
mit mittleren und niedrigen Konsumansprüchen	62	24	14	68	32	73	24	3	54	41	5	27	46	27	27	73	100 % 37
Ältere Befragte (40 Jahre u. mehr)																		
mit hohen Konsumansprüchen	61	19	20	61	39	86	11	3	67	33	—	17	36	47	6	94	100 % 36
mit mittleren und niedrigen Konsumansprüchen	51	32	17	44	56	81	14	5	63	32	5	32	24	44	14	86	100 % 59

a) vgl. die Einschränkung in den Erläuterungen — b) Definitionen vgl. vorige Tabelle — c) Frage 6, Wortlaut vgl. Tabelle 2 (Anhang) d) Frage 33, Wortlaut vgl. auch Tabelle 6 (Anhang) — e) Frage 8, Wortlaut vgl. auch Tabelle 8 (Anhang) — f) Frage 24, Wortlaut vgl. auch Tabelle 11 (Anhang) — g) Ermittlung durch Zusammenfassung der unabhängig voneinander vorgenommenen Einstufungen von 2–3 Informanden in den Dörfern San Felipe, Yo Creek und Hopkins — h) Frage 43f

Anhang IV

Literaturverzeichnis

Albert, Hans, Nationalökonomie als Soziologie. Zur sozialwissenschaftlichen Integrationsproblematik, in: Kyklos, Bd. 13, 1960, Heft 1.
Anderson, A. H., Brief Sketch of British Honduras, Belize 1956.
Apter, David E., The Gold Coast in Transition, Princeton 1955.

Back, Kurt W., The Change-prone Person in Puerto Rico, in: The Public Opinion Quarterly, Band XXII, 1958, S. 330 ff.
Barber, William J., Economic Rationality and Behavior Patterns in an underdeveloped Area, in: Economic Development and Cultural Change, April 1960.
Beattie, J. H. M., Culture Contact and Social Change, in: The British Journal of Sociology, Jg. 12, London 1962, Heft 2, S. 165—175.
Behrend, Richard F., Stichwort „Entwicklungsländer", im Handwörterbuch der Sozialwissenschaften, Bd. 3, Stuttgart-Tübingen-Göttingen 1961.
Bonné, Alfred, Towards a Theory of Implanted Economic Growth, in: Kyklos Bd. 9, 1956.
Boulding, Elise, Orientation toward Achievement or Security in Relation to Consumer Behavior, in: Human Relations, Bd. 13, 1960, S. 365 f.
Boulding, Kenneth E., Notes on British Honduras, Als Manuskript vervielfältigt, unveröffentlicht, 1960.
Bruton, Henry J., Contemporary Theorizing on Economic Growth, in: Theories of Economic Growth, ed. Bert F. Hoselitz, Glencoe, Ill. 1960.
Buchanan, N. S. und *Ellis,* H. S., Approaches to Economic Development, New York 1955.

Clark, Lincoln H., Comments on Changing Consumption in Indian Guatemala, in: Consumer Behavior, hrsg. v. L. H. Clark, New York 1958, S. 239.
Cortes, Juan B., The Achievement Motive in the Spanish Economy between the 13th and 18th Century, in: Economic Development and Cultural Change, Januar 1961, S. 63 ff.

Du Bois, Cora, Discussion of Tax and Rottenberg Papers, in: Consumer Behavior, hrsg. von L. H. Clark, New York 1958, S. 259.
Duesenberry, James S., Some Aspects of the Theory of Economic Development, in: Explorations in Entrepreneurial History III, Cambridge 1950, S. 63 ff.
Duijker, H. C. J. und N. H. *Frijda,* National Character and National Stereotypes, Amsterdam 1960.

Firth, Raymond, Primitive Polynesian Economy, London 1939.
— Social Change in Tikopia, London 1960.

Götz, Erwin, Einflüsse der Nachbarschaft auf den Kaufentschluß, dargestellt an einer Gemeinstudie, unveröffentlichte Diplomarbeit des Finanzwissenschaftlichen Seminars der Universität Köln, 1960.

Galenson, Walter (Hrsg.), Labor in Developing Economies, Berkeley and Los Angeles, 1962.
Gäfgen, Gérard, Theorie der wirtschaftlichen Entscheidung, Tübingen 1963.
Gehlen, Arnold, Soziologie als Verhaltensforschung, in: Zft. für die Ges. Staatswissenschaft, Jg. 1959, Heft 1, S. 2.
Grunebaum, G. E. von, Unity and Variety in Muslim Civilisation, o. O. 1955.

Hagen, Everett E., The Process of Economic Development, in: Economic Development and Cultural Change, 1957, S. 193 ff.
— How Economic Growth Begins: A General Theory Applied to Japan, in: The Public Opinion Quarterly, Band XXII, 1958, S. 373 ff.
— On the Theory of Social Change. How Economic Growth Begins, Homewood, Ill. 1962.
— Turning Parameters into Variables in the Theory of Economic Growth, in: American Economic Review, Mai 1960, S. 624.
Hansmeyer, Karl-Heinrich, Der Weg zum Wohlfahrtsstaat, Frankfurt a. M. 1956.
Heckhausen, Heinz, Hoffnung und Furcht in der Leistungsmotivation, Meisenheim am Glan 1963.
Heintz, Peter, Interkultureller Vergleich, in: Handbuch der empirischen Sozialforschung, hrsg. v. René König, Bd. 1, Stuttgart 1962, S. 639 ff.
Hettner, Alfred, Der Gang der Kultur über die Erde, Berlin 1923.
Herskovits, Melville J., Economic Change and Cultural Dynamics, in: Tradition, Values and Socio-Economic Development, hrsg. v. Ralph Braibanti und Joseph Spengler, Durham-London 1961, S. 114 ff.
Hirschman, Albert O., The Strategy of Economic Development, New Haven 1958.
Hoffmann, Walter G., Wachstumsforschung und wirtschaftliche Planung in unterentwickelten Ländern, Zft. f. d. Ges. Staatswissenschaft, Tübingen 1957.
Hofstätter, Peter R., Einführung in die Sozialpsychologie, Wien und Stuttgart 1954.
Holzner, Burkhart, Völkerpsychologie, Würzburg 1962, S. 66.
Hoselitz, Bert F., Vorwort in: The Progress of Underdeveloped Areas, hrsg. v. Bert F. Hoselitz, Chicago 1951, S. I ff.
— Economic Growth and Rural Industrialization, Econ. Weekly (India), Februar 1958, S. 291 ff.
— Generative and Parasitic Cities, in: Sociological Aspects of Economic Growth, Glencoe, Ill. 1960, S. 185 ff.
— Patterns of Economic Growth, in: Sociological Aspects of Economic Growth, Glencoe, Ill. 1960, S. 85 ff.
— Theories of Stages of Economic Growth, in: Theories of Economic Growth, hrsg. v. Hoselitz, Glencoe, Ill. 1960.
— Tradition and Economic Growth, in: Tradition, Values and Socio-Economic Development, hrsg. v. Ralph Braibanti und Joseph Spengler, Durham-London 1961.
— Balanced Growth, Destabilizers, and the Big Push, in: World Politics, A Quarterly Journal of International Relations, Vol. XII, S. 475 ff.
Hutcheson, Harold H., Problems of the Underdeveloped Countries I, Foreign Policy Reports 24, o. O. 1948, S. 98 ff.
International Bank for Reconstruction and Development, The Economic Development Program of British Honduras, Washington 1954.

Jones, Carey, The Patterns of a Dependent Economy, Cambridge, Mass., 1953.

Kalveram, Gertrud, Die Theorien von den Wirtschaftsstufen, Leipzig 1933, S. 73 ff.
Katona, George, Das Verhalten der Verbraucher und Unternehmer, Tübingen 1960.
— Die Macht des Verbrauchers, Düsseldorf 1962.
Kool, Rudolf, Tropical Agriculture and Economic Development, Wageningen 1960.
Kuznets, Simon, Toward a Theory of Economic Growth, in: National Policy for Economic Welfare at Home and Abroad, hrsg. v. Robert Lekachman, Garden City 1955.
Land in British Honduras, Report of the British Honduras Land Use Team, London 1959.
Leibenstein, Harvey, Economic Backwardness and Economic Growth, Studies in the Theory of Economic development, New York 1957.
Lerner, Daniel, Introduction zu Special Issue: Attitude Research in Modernizing Areas, in: The Public Opinion Quarterly, Band XXII, 1958, S. 217 ff.
— The Passing of Traditional Society, Glencoe, Ill. 1958.
Lettiche, J. M., Adam Smith and David Ricardo on Economic Growth, in: Theories of Economic Growth, hrsg. v. Bert F. Hoselitz, Glencoe, Ill. 1960, S. 65 ff.
Levy, Hermann, Volkscharakter und Wirtschaft, Leipzig 1926.
Levy-Bruhl, L., Die geistige Welt der Primitiven, Düsseldorf-Köln 1959.
Lewin, Kurt, *Dembro,* Tamara, *Festinger,* Leon, *Sears,* Pauline S., „Level of Aspiration", in: Personality and the Behavior Disorders, ed. by. J. Mc. v. Hunt, New York 1944.
Lewis, W. Arthur, Die Theorie des wirtschaftlichen Wachstums, übers. v. Herbert v. Beckerath, Tübingen-Zürich 1956.
Linton, Ralph, Cultural and Personality Factors Affecting Economic Growth, in: The Progress of Underdeveloped Areas, hrsg. v. Bert F. Hoselitz, Chicago 1951, S. 73 ff.
Lipset, Seymour Martin, Research Problems in the Comparative Analysis of Mobility and Development, in: International Social Science Journal, Heft I, 1964.
List, Friedrich, Das Nationale System der Politischen Ökonomie, Basel 1959.

Mannheim, Karl, Über das Wesen und die Bedeutung des wirtschaftlichen Erfolgstrebens, in: Archiv für Sozialwissenschaft und -politik, Bd. 63, Tübingen 1930, S. 449.
McClelland, David C., The Achieving Society, Princeton N. J. 1961.
Meissner, H. G., Anthropologische Grundlagen der Exportmarktforschung, Berlin 1959.
Miller, S. M. und *Bryce,* Harrington, Soziale Mobilität, wirtschaftliches Wachstum und Struktur, in: Kölner Zeitschrift f. Soziologie und Sozialpsychologie, Sonderheft 5, 1961.
Moore, Wilbert E., Primitives and Peasants in Industry, in: Social Research, Bd. 15, 1948, S. 44 ff.
— The Social Framework of Economic Development, in: Tradition, Values and Socio-Economic Development, hrsg. v. Ralph Braibanti und Joseph Spengler, Durham-London 1961, S. 57 ff.
— Industrialization and Labor, Social Aspects of Economic Development, Ithaca-New York 1951.
— Urbanization and Industrialization of the Labor Force in a Developing Economy, in: The American Economic Review, 1955, S. 160.

Moore, Wilbert E. und *Feldman,* Arnold S., (Herausgeber) Vorwort zu: Labor Commitment and Social Change in Developing Areas, New York 1960, S. V.
Morgan, James N., Comparative International Surveys on Economic Behavior, 1962, unveröffentlichtes rotaprintiertes Manuskript, Institute for Social Research, The University of Michigan, Ann Arbor.
— The Achievement Motive and Economic Behavior, 1962, unveröffentlichtes rotaprintiertes Manuskript, Institute for Social Research, The University of Michigan, Ann Arbor.
Myrdal, Gunnar, Ökonomische Theorie und unterentwickelte Religionen, Stuttgart 1959, S. 7.

Neurath, Paul, Der Rundfunk im indischen Dorf. Entwicklung eines Massenmediums, in: Soziologie der Entwicklungsländer, hrsg. von Peter Heintz, Köln 1962.
Newcomb, Theodore M., Sozialpsychologie, Meisenheim am Glan 1959.
Nurkse, Ragnar, Problems of Capital Formation in Underdeveloped Countries, New York 1953.

Ramsey, Charles E., und *Collazo,* Jenaro, Some Problems of Cross-Cultural Measurement, in: Rural Sociology, Bd. 25, Ithaca, N. J., 1960, S. 91.
Redfield, Robert, Peasant Society and Culture. An Anthropological Approach to Civilisation, Chicago 1956.
Redlich, Fritz, Der Unternehmer. Wirtschafts- und sozialgeschichtliche Studien, Göttingen 1964.
Rexhausen, Felix, Der Unternehmer und die volkswirtschaftliche Entwicklung, Berlin 1960.
Riesman, David, Einführung zu Lerner, Daniel, The Passing of Traditional Society, Glencoe, Ill., 1958, S. 15.
Rogers, Everett M., and A. Eugene *Havens,* Predicting Innovativeness, in: Sociological Inquiry. Seattle, Wash., Jg. 32, 1962, Heft 1, S. 34—42.
Ross, David F., Economic Theory and Economic Development. Reflections derived from a study of Honduras, in: Interamerican Economic Affairs, Washington 1959, S. 21 ff.
Rostow, Walt Whitman, The Stages of Economic Growth, A Non-Communist Manifesto, Cambridge University Press, 1960.
Rottenberg, Simon, Consumption Choices and Economic Change: The Case of Puerto Rico, in: Consumer Behavior, hrsg. von Lincoln H. Clark, New York 1958.
Rudolph, Lloyd und Susanne H., Surveys in India: Field Experience in Madras State, in: Public Opinion Quarterly, Band XXII, 1958, S. 235 ff.
Rudolph, Wolfgang, Die amerikanische „Cultural Anthropology" und das Wertproblem, Berlin 1959, S. 82 f.
Rühl, Alfred, Vom Wirtschaftsgeist im Orient, Leipzig 1925.

Sadie, J. L., The Social Anthropology of Economic Underdevelopment, in: The Economic Journal, Bd. 70, London 1960, S. 294.
Scherhorn, Gerhard, Bedürfnis und Bedarf. Sozialökonomische Grundbegriffe im Lichte der neueren Anthropologie, Berlin 1959.
— Methodologische Grundlagen der sozialökonomischen Verhaltensforschung, Köln und Opladen o. J.
— Verhaltensforschung und Konsumtheorie, in: Schmollers Jahrbuch Heft 1, 1961.
Schmölders, Günter, Ökonomische Verhaltensforschung, in: Ordo, Bd. 5, 1953.

Schmölders, Günter, Der Beitrag der Verhaltensforschung zur Theorie der wirtschaftlichen Entwicklung, in: Festschrift für Erwin von Beckerath, Tübingen 1964 (in Vorbereitung).
— Zehn Jahre sozialökonomische Verhaltensforschung in Köln, in: Ordo, Bd. 14, 1963, S. 259 ff.
— Das Problem der Prognose in der Wirtschaft, in Universitas, Jg. 18 (März), Stuttgart 1963.
Schumpeter, J. A., Artikel „Unternehmer", in: Handwörterbuch der Staatswissenschaften, 4. Aufl., Band VIII, Jena 1928, S. 476 ff.
Shannon, Lyle W., Social Factors in Economic Growth, in: Current Sociology. UNESCO, Paris, Jg. 6, 1957.
Smith, Robert S., Population and Economic Growth in Central America, in: Economic Development and Cultural Change, Januar 1962, S. 134 ff.
Smithies, Arthur, Rising Expectations and Economic Development, in: The Economic Journal, Bd. 71, London-New York 1961, S. 258 ff.
Solow, Robert M., Technical Change and the Aggregate Production Function, in: Review of Economics and Statistics, August 1957, S. 312 ff.
Sombart, Werner, Der moderne Kapitalismus, Bd. 1, München und Leipzig 1928, S. 329 f.
Spengler, Joseph J., John Stuart Mill on Economic Development, in: Theories of Economic Growth, hrsg. von Bert F. Hoselitz, Glencoe, Ill., 1960.
Strümpel, Burkhard, Actitudes, normas y aspiraciones como condiciones del desarrollo economico, in: Revista de Ciencias Sociales (Pan American Union) Washington D. C., erscheint 1965.
— Preparedness for Change in a Peasant Society, in: Economic Development and Cultural Change, erscheint 1965.

Tax, Sol, Penny Capitalism, Washington 1953.
— Changing Consumption in Indian Guatemala, in: Consumer Behavior, ed. by Lincoln H. Clark, New York 1958.
Taylor, Douglas, The Black Caribs of British Honduras, New York 1951.
Thurnwald, Richard, Werden, Wandel und Gestaltung der Wirtschaft im Lichte der Völkerforschung (Die menschliche Gesellschaft in ihren ethnosoziologischen Grundlagen, Bd. 3), Berlin und Leipzig 1932.
Tumin, Melvin M., Caste in a Peasant Society, Princeton 1952.

UNESCO (Herausgeber), The Race Question in Modern Sciences, Paris o. J.

Vanstone, James W., Point Hope, An Eskimo Village in Transition, Seattle 1962, S. 165.

Weber, Max, Die protestantische Ethik und der Geist des Kapitalismus, in: Gesammelte Aufsätze zur Religionssoziologie, Tübingen 1928.
— Die „Objektivität" sozialwissenschaftlicher und sozialpolitischer Erkenntnis, in: Gesammelte Aufsätze zur Wissenschaftslehre, 2. Aufl., Tübingen 1951, S. 195 f.
Wiesbrock, Heinz, Über Ethnocharakterologie. Wesen — Forschungsprogramm — Methodik, in: Kölner Ztschr. f. Soz. und Sozialpsych., 9. Jg. (1957), H. 4, S. 552.
Whetten, Nathan L., Rural Mexico, Chicago 1948.
Wolf, Eric, Types of Latin American Peasantry, in: American Anthropologist, 1955, S. 452 ff.

Printed by Libri Plureos GmbH
in Hamburg, Germany